AF359322

# ESSAI

## SUR LES

# PROJECTILES ALLONGÉS

### PAR M. THIROUX

Lieutenant-colonel d'artillerie en retraite

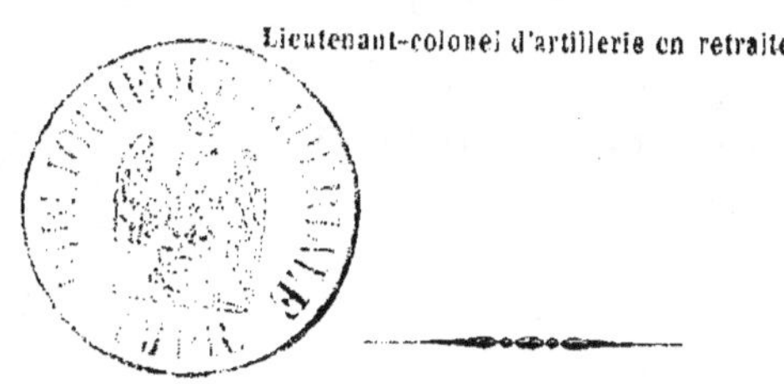

# PARIS

LIBRAIRIE MILITAIRE, MARITIME ET POLYTECHNIQUE
**DE J. CORRÉARD**
Libraire-éditeur et libraire-commissionnaire
RUE SAINT-ANDRÉ-DES-ARTS, 58

1857

Paris. — Typographie de Gaittet et Cie, rue Gît-le-Cœur, 7.

# ESSAI

## SUR LES

# PROJECTILES ALLONGÉS.

Les expériences de Vincennes sur les balles allongées, si fécondes en résultats importants, n'ont été dirigées qu'au point de vue de la masse, et l'opinion des plus habiles expérimentateurs semblerait être que, passé certaines limites, l'acuité de la pointe ne joue qu'un rôle assez faible.

Avant d'aller plus loin, nous allons exposer la théorie du mouvement des projectiles lancés par des armes rayées.

Lorsqu'on lance un projectile allongé avec une arme à canon lisse, ce mobile se renverse à la sortie du canon en tournant autour de l'axe de son plus grand moment d'inertie et frappe le but en travers.

Parmi les différents axes de rotation autour desquels peut tourner un projectile allongé, il en est deux fort remarquables ; ce sont ceux du plus grand et du plus petit moment d'inertie : l'axe du plus petit moment d'inertie est l'axe même du solide de révolution, tandis que l'axe du plus grand moment d'inertie est transversal au premier ; ainsi par exemple, dans un cylindre homogène, l'axe du plus petit moment d'inertie est l'axe de ce même cylindre, tandis que l'axe du plus grand moment d'inertie passe par le milieu de la longueur du cylindre et lui est perpendiculaire. Il existe bien un troisième axe moyen, mais cet axe n'est d'aucune utilité pour les projectiles appropriés à l'usage des armes à feu.

On appelle moment d'inertie d'un corps tournant autour d'un axe de rotation, le produit de la masse de chaque tranche infiniment mince du corps par le carré de sa distance à l'axe.

En appliquant ceci à un cylindre, on voit que le moment en question est plus grand quand le cylindre tourne en travers que quand il tourne autour de son axe ; car la masse du solide restant la même dans les deux cas, les distances à l'axe de rotation sont d'autant plus grandes que le cylindre a plus de longueur relativement à son rayon. Cette quantité est représentée dans les calculs par $fmr^2$.

Les deux axes dont il s'agit s'appellent aussi axes principaux ou permanents, pour les distinguer des autres qui sont instantanés. Ils jouissent tous deux, mais à des degrés bien différents, d'une certaine stabilité, c'est-à-dire que si une cause quelconque tend à écarter un peu le mobile de sa position, il s'y rétablit de lui-même; mais la stabilité est la plus grande possible, lorsque le mouvement a lieu autour de l'axe du plus grand moment d'inertie.

L'observation nous apprend que jamais un projectile allongé ne prend naturellement le mouvement de rotation autour de l'axe de son plus petit moment d'inertie, tandis qu'au contraire le mouvement autour de l'axe du plus grand moment d'inertie se développe presque toujours lorsqu'on lance un corps allongé avec une certaine vitesse.

Le mouvement qu'on procure au projectile autour de l'axe du plus petit moment d'inertie a pour objet de régulariser la trajectoire en compensant toutes les causes de déviations que pourraient produire la résistance de l'air et la constitution irrégulière du mobile. Au contraire, le mouvement autour de l'axe du plus grand moment d'inertie fait dévier le projectile; on conçoit, en effet, que la seule condition à laquelle soit assujetti ce mouvement, c'est d'avoir lieu autour d'un axe passant au milieu de la longueur du cylindre, de telle sorte, alors, que celui-ci peut occuper une infinité de positions différentes. De là résulte que la résistance de l'air est fort accrue, que la portée est extrêmement diminuée et que les déviations sont très-considérables.

Le procédé ordinairement employé pour imprimer aux balles un mouvement de rotation autour de leur axe longitudinal, consiste à creuser dans les parois du canon destiné à les lancer, des rayures en hélice. Les balles étant forcées dans le canon par percussion ou autrement, s'élargissent et pénètrent dans les rayures, et quand l'action de la poudre les met en mouvement, elles s'échappent du canon en tournant autour de leur axe comme une vis qui sort de son écrou.

Dans le vide, la trajectoire serait une courbe plane, il n'y aurait jamais de déviation, mais la résistance de l'air vient modifier cet état de choses. Son action à vitesses égales est évidemment proportionnelle à la snrface des mobiles ou au carré de leur diamètre; et comme, en mécanique, on ne considère que l'action sur un seul point matériel, il faudra donc, pour avoir la résistance de l'air pour un point matériel, diviser la résistance totale par le nombre des points matériels ou par la masse du projectile. Mais on sait que les poids sont proportionnels aux masses; il en résulte donc que les résistances de l'air pour un point matériel de deux mobiles, doués de la même vitesse, sont en raison directe des carrés des diamètres divisés par les poids des mobiles.

Pour une vitesse donnée, la résistance de l'air est proportionnelle à peu près à la puissance $\frac{5}{2}$ de cette vitesse. On conçoit que la résistance de l'air est une force souvent très-considérable. On a calculé que, pour la balle ordinaire du fusil supposée animée d'une vitesse de $450^m$ ps., cette force équivalait à 94 fois le poids de la balle ; que pour un boulet de 12, animé de la même vitesse, cette force n'était équivalente qu'à 21 fois le poids du boulet : on voit donc que la résistance de l'air est relativement beaucoup moins grande pour les gros projectiles que pour les petits, et qu'elle décroît très-rapidement avec la vitesse.

La résistance de l'air s'appliquant à la surface du mobile et conséquemment au centre de figure C, tandis que la force d'impulsion est appliquée au centre de gravité G, on comprend qu'il n'arrivera presque jamais que ces deux forces soient directement opposées, et que presque toujours la résultante de la résistance de l'air sera oblique par rapport à la direction du mouvement. Il faudrait, pour qu'il en fût autrement, que le mobile présentât un degré de perfection qu'il ne nous est pas donné d'atteindre.

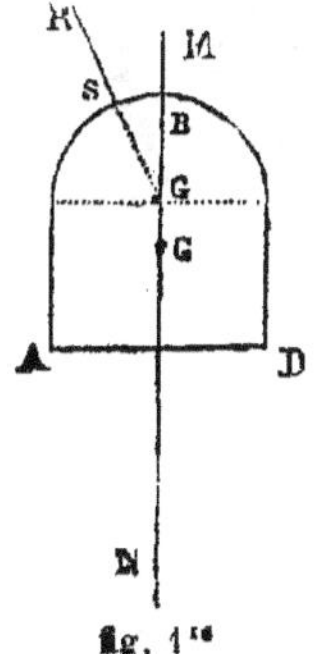

fig. 1ʳᵉ

Soit ABC un projectile lancé suivant la direction
MN, et RS la résultante de la résistance de l'air. Il est
évident que la force RS aura pour effet d'écarter le
mobile de la direction MN, avec une énergie propor-
tionnée à la résistance de l'air, et de tendre à le
renverser pour faire tourner autour de l'axe de son
plus grand moment d'inertie fig. 1; mais si la balle a
reçu un mouvement de rotation autour d'un axe dirigé suivant la tangente à sa trajectoire, c'est-à-dire
autour de l'axe de son plus petit moment d'inertie,
et que ce mouvement soit assez rapide pour empêcher
que la balle ne soit renversée, la balle sera d'un tir
bien plus régulier que si elle était libre, fig. 2.

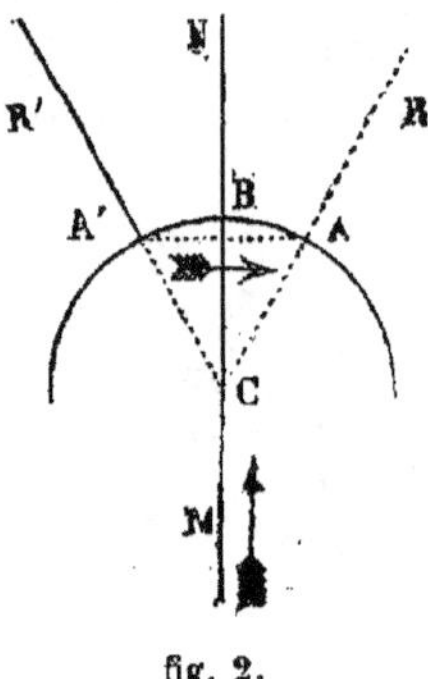

fig. 2.

Pour le démontrer, soit AR la résultante de la résistance de l'air appliquée au centre de figure C d'une

balle se mouvant horizontalement de M vers N, en même temps qu'elle tourne autour de l'axe BCM. Il est évident que la résultante AR aura pour effet d'écarter la balle à gauche, mais comme le point A décrit un cercle dont AA' est le diamètre, au bout d'une demi-révolution, le point A viendra en A', et la force RA prendra la direction R'A' symétrique à la première ; car la résultante RA dépend de la forme et de la constitution de la balle et tourne avec celle-ci. Mais dans cette position, la force en question tend à reporter la balle à droite, d'une quantité égale à la déviation première, et à corriger ainsi l'effet d'abord produit par RA.

En général, la force RA décrit un cône, et toutes les sections qu'on peut faire dans ce cône donnent deux positions symétriques de la résultante de la résistance de l'air dont les effets se neutralisent ; en sorte que la trajectoire des armes lancées par les armes à canon rayé est bien plus constante dans sa forme que celle des armes à canon lisse, comme le fusil d'infanterie.

L'expérience et la théorie montrent que la partie antérieure B de la balle frappe toujours au but la première, en sorte que si l'on substituait à ABA' une pointe éprouvant moins de résistance de la part de l'air que cet arc, la portée serait considérablement accrue.

On pourrait objecter que la résistance de l'air allant toujours en diminuant et dans une proportion

bien plus rapide que la vitesse; si cette force était capable
de produire une déviation BC dans un demi-tour,

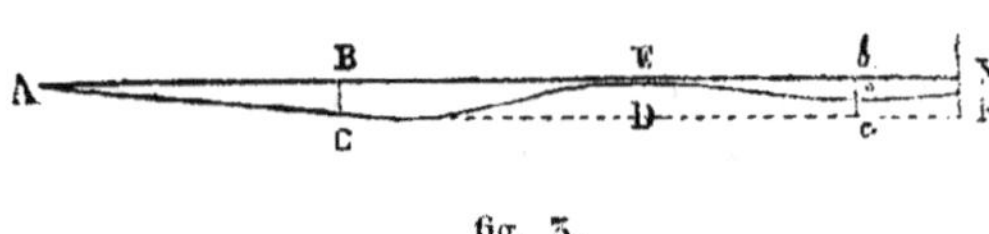


fig. 3.

elle ne devrait plus avoir l'énergie nécessaire pour
ramener le projectile sur la droite AX dans le demi-
tour suivant, et qu'alors le mobile resterait en deçà
au point D, et, que le même effet se produisant à
chaque demi-tour, il devrait y avoir finalement une
déviation dans le sens de l'action primitive de la résistance de l'air.

Pour apprécier l'importance de cette déviation,
supposons qu'on transporte l'origine du mouvement
en C et menons CK parallèle à AX; en considérant
le mouvement par rapport à CK, nous verrons que
le mobile ne sera pas ramené sur CK, mais qu'il
restera en D et s'écartera à chaque tour d'une petite
quantité, en sorte que la déviation dont il s'agit sera
tout au plus égale à $\frac{1}{2}$ BC.

Les déviations dont nous venons de parler sont
inappréciables dans les armes rayées ordinaires, mais
elles deviendraient fort sensibles si le mobile ne faisait
qu'une révolution pour 150 ou 200 mètres.

A mesure que la longueur et le poids du projectile

augmentent, le moment d'inertie devient plus considérable et le projectile a une tendance plus grande à se renverser, il faut donc alors que la vitesse de rotation du mobile autour de l'axe de son plus petit moment d'inertie augmente, c'est-à-dire que le pas de l'hélice que forment les rayures du canon devienne plus court.

Mais, d'un autre côté, le frottement du projectile dans les rayures devenant de plus en plus grand à mesure que le pas de l'hélice diminue de hauteur, on est obligé de restreindre les charges, autrement le projectile ne tourne pas et traverse le canon comme un emporte-pièce en y laissant une partie de sa substance; ou bien la grandeur du frottement atténue l'effet de la charge, et, dans tous les cas, l'arme et le projectile peuvent être endommagés. Pour toutes les carabines mises en essai, on a reconnu que les pas d'hélice les plus courts répondaient aux balles les plus longues et les plus lourdes, et aux charges les plus faibles.

En toute chose, l'expérience devance la théorie qui en modifie et perfectionne la marche. Ainsi, les anciennes carabines, qui étaient généralement rayées au pas de 1 mètre et même à un pas plus court, étaient évidemment propres à lancer des projectiles oblongs; et quand la balle s'allongeait d'un travers de doigt, en descendant sur la poudre, l'arme se trouvait dans les meilleures conditions pour obtenir une grande justesse de tir et ces portées énormes qu'on considérait alors comme fabuleuses, bien que plusieurs militaires dignes de foi les eussent observées dans les guerres de la République et de l'Empire (a).

Si l'on eût adopté pour le chargement de ces carabines un projectile allongé comme celui AB et dont

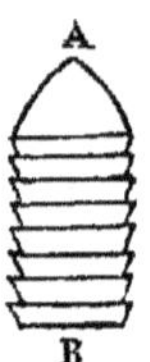


fig. 4.

le diamètre eût excédé celui du canon de 1 millimètre seulement, qu'on eût fraisé la baguette et le bout du canon pour ne pas déformer la balle et faciliter son introduction dans l'arme, on aurait obtenu une arme d'un excellent service relativement aux anciennes carabines.

L'hélice est, comme on sait, une courbe qui jouit de la propriété de faire toujours le même angle avec les génératrices du cylindre : c'est une vis à filets allongés. Le développement d'une hélice entière est un triangle rectangle ABC, dont la hauteur AB est le pas de l'hélice et dont la base BC est le développement de l'âme du canon. Pour tracer l'hélice sur un cylindre, il suffit de placer AB sur une des géné-

_______________

(a) On sait que ces carabines se chargeaient au maillet avec une baguette très-forte.

ratrices *ab*, et en roulant le triangle sur ce même cylindre, l'hypothénuse AB forme l'hélice *axb*.

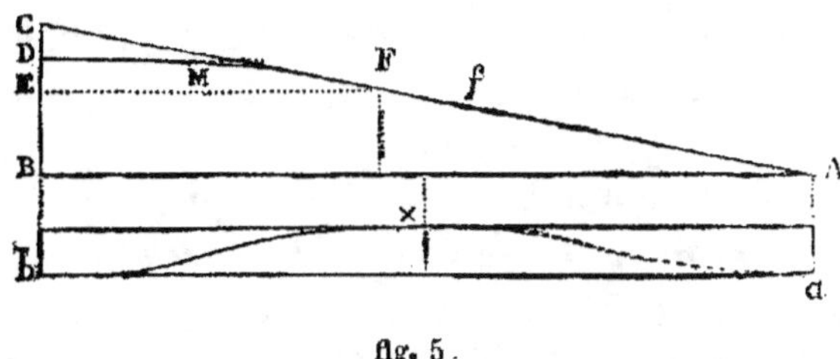

fig. 5.

Généralement les canons ne renferment qu'une portion d'hélice plus ou moins longue FC, selon la grandeur et la destination de l'arme; aujourd'hui les rayures sont au nombre de quatre pour les carabines françaises; ces rayures sont rondes et concaves afin d'en faciliter le nettoyage et la conservation. La largeur des cannelures est égale à celle de leurs inter-

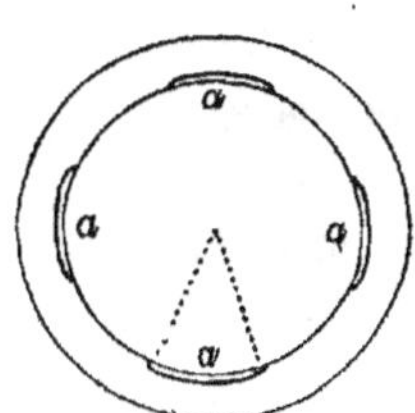

fig. 6.

valles, c'est-à-dire à $\frac{1}{8}$ de la circonférence du canon. Cette grande largeur des rayures donne plus de solidité aux filets de plomb qui y pénètrent, quand on force la balle, et assure mieux l'effet du carabinage dans le tir à grande charge.

Autrefois, la profondeur des rayures était uniforme depuis le fond du canon jusqu'à la bouche ; maintenant cette profondeur est progressive, c'est-à-dire qu'elle est de $0,5^{mm}$ au fond AB et qu'elle se réduit à $0,3^{mm}$, et même à 0 à l'entrée de l'âme. Cette disposition rend le forcement plus efficace et empêche le ballottement de la balle lorsqu'elle sort du canon ; on conçoit que le frottement des filets de plomb de la balle dans les rayures du canon devait en altérer les dimensions et donner un certain jeu au projectile, quand les rayures étaient partout de même profondeur, tandis que maintenant le plomb de la balle serre à plein dans les hélices du canon, ce qui ajoute à la justesse du tir, ainsi que l'ont prouvé les expériences de Vincennes :

Quant au nombre des rayures, il serait peut-être avantageux de les faire en nombre impair comme dans les anciennes carabines ; car alors les pleins répondraient aux vides et la balle serait plus facile à forcer, attendu qu'elle n'aurait pas besoin de s'élargir autant que quand les vides se correspondent, comme cela se présente avec un nombre pair de rayures.

Le nombre minimum de rayures que peut présenter un canon est évidemment de trois ; encore le mobile peut-il ballotter ; avec quatre rayures la balle est mieux assujettie, c'est ce qui a fait adopter ce nombre pour les armes rayées actuellement en usage et en fabrication. Dans les pièces d'artillerie en essai, les rayures sont au nombre de trois, ce qui est admissible à cause de la solidité des tenons qui se meuvent dans les rayures de l'âme.

Habituellement les rayures des canons sont dirigées de gauche à droite, de telle sorte que le dessus de la balle tourne de gauche à droite par rapport au tireur.

Indépendamment de l'hélice ordinaire ou uniforme, il y a encore l'hélice progressive : Ainsi EFC

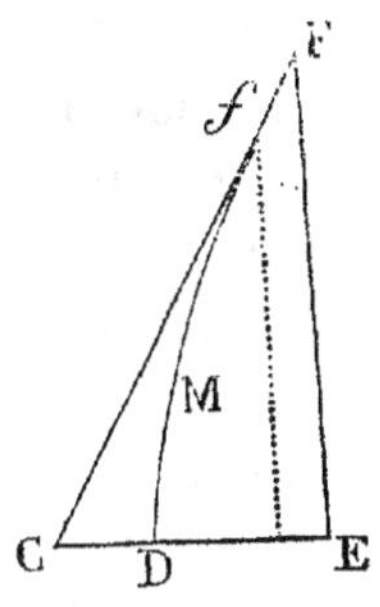

fig. 7.

devant produire une hélice uniforme, le triangle mixtiligne DMEF donnera l'hélice progressive, évidemment plus courte que l'hélice ordinaire.

On peut considérer la courbe DMF comme un polygone d'un nombre infini de côtés ; et ces côtés pouvant être pris pour des éléments d'hélices ordinaires, il en résulte que le mouvement dépendra de l'inclinaison de la tangente FC, prolongement de l'élément extrême *f* de la courbe, et que le projectile aura la même vitesse de rotation, que s'il avait été mû sur l'hélice dont FC est le développement. Nous remarquerons que comme la direction d'un seul élément ne saurait déterminer le mouvement d'une manière bien précise, il est convenable de déterminer les hélices progressives par une portion F*f* d'hélice ordinaire.

Si l'arc **FMD** est un arc de parabole les rayures sont dites paraboliques, etc. Les rayures progressives ont l'avantage d'être plus courtes que les rayures ordinaires pour une inclinaison finale donnée. Un de leurs plus grands inconvénients, c'est que la tangente à la courbe génératrice variant à tout moment, les filets en plomb de la balle doivent se modifier suivant l'inclinaison des rayures du canon, ce qui donne lieu à un frottement assez considérable et nuit à la précision du mouvement.

Parmi les différentes courbes qu'on peut employer pour tracer l'hélice progressive, le cercle nous paraît mériter la préférence, parce que, dans cette courbe, le rayon de courbure étant invariable, un mobile allongé peut se mouvoir dans une coulisse circulaire, sans éprouver d'altération dans sa forme, ce qui n'aurait pas lieu pour une parabole par exemple, dont le rayon de courbure change à tout moment.

La facilité qu'on a de calculer l'arc générateur de

l'hélice est encore une raison qui recommande l'emploi du cercle. Soit, en effet, ABC le triangle rectan-

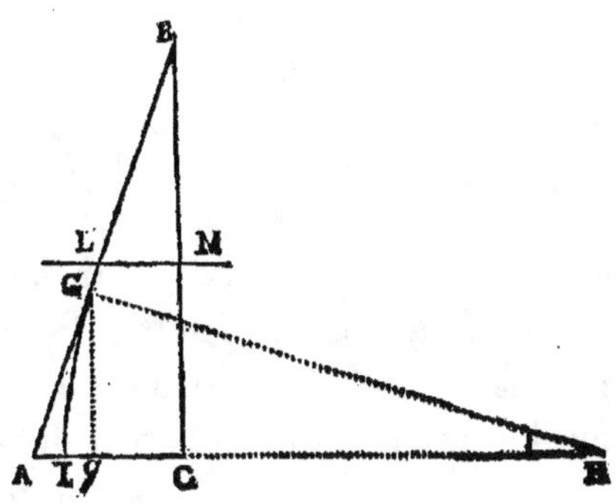



fig. 8.

gle générateur de l'hélice ordinaire qui correspond à l'inclinaison du dernier élément de l'hélice progressive, soit MC la hauteur du canon. Prenons LG = 10 centimètres d'hélice ordinaire, G sera le point où commencera l'hélice progressive; admettons que cette hélice doive avoir à l'origine I sa tangente parallèle à BC, l'arc générateur devra être tangent à AB au point G, et son centre devra se trouver sur AC prolongé. Si donc on élève au point G la perpendiculaire GH, cette ligne rencontrera AC prolongé au point H; et si du point H avec le rayon GH on décrit l'arc GI, cet arc sera la courbe génératrice de l'hélice progressive.

Les triangles rectangles ABC et AGH sont semblables et donnent AC : AG :: BC : GH, et, partant,

$$GH = \frac{AG \times BC}{AC} = HI.$$

Si du point G on abaisse la perpendiculaire $Gg$, les deux triangles rectangles BAC et $Gg$H seront semblables, et donneront

$$\mathrm{H}g = \frac{\mathrm{GH} \times \mathrm{BC}}{\mathrm{AB}} ;$$

et, partant, on aura

$$\mathrm{I}g = \mathrm{HI} - \mathrm{H}g = \frac{\mathrm{AG} \times \mathrm{BC}}{\mathrm{AC}} - \frac{\mathrm{GH} \times \mathrm{BC}}{\mathrm{AB}}.$$

En enroulant l'arc générateur sur le cylindre de l'âme, il ne jouit pas exactement des mêmes propriétés ; mais comme les parties de la balle qui frottent dans les rayures ont très-peu de longueur, les changéments de forme que la balle devra subir pour passer d'un arc à un autre seront peu sensibles, si surtout on fait varier progressivement la profondeur des rayures.

On trouverait facilement l'arc de parabole qui peut remplacer l'arc de cercle précédent. En effet, supposons que les deux arcs aient la même origine I, on aura pour l'équation de l'arc parabolique

$$y^2 = 2px, \text{ et } y'^2 = 2\mathrm{R}x' - x'^2$$

pour celle de l'arc de cercle. Mais au point G, on a

$$\frac{dx}{dy} = \frac{y}{p} = \frac{dx'}{dy'} = \frac{y'}{\mathrm{R} - x'};$$

soient $a$ et $b$ les coordonnées du point G où la tangente est la même pour les deux courbes, on en déduira

$$\frac{b}{p} = \frac{b}{\mathrm{R} - a}, \text{ et } p = \mathrm{R} - a,$$

En sorte que l'arc de parabole qui correspond à l'arc de cercle GI aura pour équation :

$$y = 2(R - a)\, x.$$

L'abscisse du point G ne sera pas la même dans les deux arcs, on aura :

$$\text{cercle } b^2 = 2Ra - a^2 ; \qquad \text{parabole } b^2 = 2(R - a)a' ;$$

$a'$ étant l'abscisse du point G dans la parabole sera égal à

$$\frac{2Ra - a^2}{2R - 2a}.$$

On voit donc qu'on a

$$a' > a,$$

et que l'arc de parabole sera plus grand que l'arc de cercle ; mais la différence sera très-petite, attendu que R est toujours très-grand relativement à $a$.

Les valeurs des tangentes étant

$$\frac{y}{R - a}$$

pour la parabole, et

$$\frac{y'}{R - x'}$$

pour le cercle, un accroissement très-petit $\Delta$ de $y$, répondant à un accroissement $\delta$ de $x$, donnera les tangentes

$$\frac{y + \Delta}{R - a} \text{ et } \frac{y' + \Delta}{R - x' - \delta} ;$$

les variations des tangentes dans la parabole et dans le cercle seront donc respectivement

$$\frac{\Delta}{R - a} \text{ et } \frac{\Delta}{R - x' - \delta} ;$$

mais $a$ étant la valeur maximum de $x'$, on aura

$$R - a < R - x' - \delta, \text{ et, partant, } \frac{\Delta}{R - a} > \frac{\Delta}{R - x' - \delta},$$

et l'inclinaison des tangentes suivra une marche plus lente dans l'hélice circulaire que dans l'hélice parabolique, c'est pour cette raison que la première nous semble préférable.

Ces hélices sont d'une exécution difficile; mais on lève facilement cet obstacle au moyen d'un cylindre directeur dans lequel pénètre une dent qui joue dans une fente en spirale, et guide l'échoppe qui doit tracer les rayures des canons.

La vitesse de rotation de la balle est facile à déterminer, du moment où l'on connaît la hauteur du pas de l'hélice et la vitesse initiale.

Ainsi, $h$ étant la hauteur du pas de l'hélice et $V$ la vitesse initiale, la balle faisant un tour sur elle-même pendant qu'elle parcourt $h$ mètres, et le temps employé par la balle pour parcourir 1 mètre étant

$$\frac{1}{V}, \quad h \times \frac{1}{V} = \frac{h}{V}$$

sera le temps que la balle emploiera à faire un tour sur elle-même, donc dans une seconde elle en fera

$$\frac{1''}{\frac{h}{V}} \text{ ou } \frac{V}{h} \text{ tours,}$$

c'est ce qu'on appelle la vitesse initiale de rotation. Dans la carabine modèle 1846, on a

$$V = 312^m, \; h = 2^m,$$

et, partant,

$$\frac{12}{2} = 156 \text{ tours.}$$

Le diamètre de la balle étant de $17^{mm},2$, on aura pour la vitesse de rotation d'un point de la circonférence extrême :

$$17^{mm},2 \times \varpi \times 156 = 8^m,43,$$

la résistance qui résulte d'une aussi faible vitesse ne peut pas l'atténuer d'une manière notable; en sorte qu'on peut admettre que la vitesse de rotation reste constante, ou du moins sensiblement la même, tandis que celle de translation diminue très-rapidement par l'effet de la résistance directe du milieu.

C'est à cette circonstance qu'il faut attribuer la stabilité des balles allongées dans la dernière partie de leur trajectoire.

En prenant la balle allongée actuelle comme type de tous les autres projectiles, et en adoptant le pas de 2 mètres pour la vitesse de 312 mètres, il faudra, si l'arme est destinée à tirer à faible charge, que l'inclinaison des rayures soit telle, que la balle ait la même vitesse de rotation qu'elle aurait dans la trajectoire de la balle de la carabine, pour la vitesse correspondante ; de cette manière, le tir des petites armes présentera toute l'exactitude dont il est susceptible.

Ainsi, la balle de la carabine ayant une vitesse restante de 176 mètres à 300 mètres, et ayant conservé la vitesse de rotation de 156 tours par seconde, on aura

$$\frac{176}{x} = 156, \text{ ou } x = \frac{176}{156} = 1^{\text{m}},28.$$

Réciproquement, si l'on voulait augmenter la vitesse initiale de la balle, il faudrait augmenter la hauteur du pas de l'hélice. Ainsi, pour que la balle ait une vitesse de 450 mètres, il faudrait poser

$$\frac{450}{x} = 156 \; ;$$

d'où l'on tire

$$x = 2^{\text{m}},88.$$

L'inclinaison des hélices pour le calibre de $17^{\text{m}},5$ paraît être d'une révolution pour $0^{\text{m}},50$ au maximum, répondant à des balles allongées de 7 centimètres de longueur et du poids de 150 grammes.

D'après ce que nous avons dit, le mouvement qui présente le plus de stabilité dans un projectile quelconque est celui autour de l'axe du plus grand moment d'inertie; et ce mouvement dépend de la grandeur de ce moment.

Ainsi, pour la balle sphérique, aplatie dans le canon par deux coups de baguette, le mouvement ayant lieu autour de l'axe AB du plus grand moment

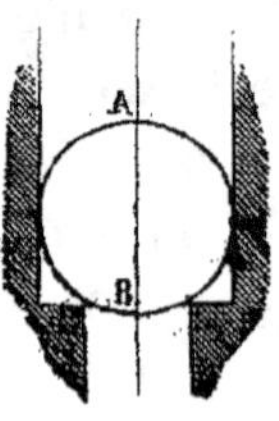


fig. 9.

d'inertie, est très-stable ; il n'est pas besoin de
donner à la balle un mouvement de rotation très-
rapide, et un pas d'hélice de 6$^m$,22 est suffisant. Mais
si le projectile a été déformé par une percussion très-
violente, qu'une partie du plomb ait pénétré dans la
chambre, et que la balle forme clou, comme disent
les tireurs, le projectile s'allonge, AB n'est plus l'axe
du plus grand moment d'inertie; alors le mouvement de rotation devient insuffisant pour maintenir
la balle qui tend à se renverser, et le tir devient très-
inexact au delà de 200 mètres. C'est pour cette raison
qu'on avait adopté la cartouche à sabot, complication
très-grande, mais indispensable pour assurer la perfection du tir.

On conçoit que la balle, en s'appuyant sur la con-
cavité du sabot S, ne pouvait plus se déformer, et

fig. 10.

qu'alors le mouvement de rotation avait lieu autour
de l'axe du plus grand moment d'inertie.

L'aplatissement de la balle présentait l'inconvénient d'augmenter d'autant plus la résistance de l'air
qu'il était plus prononcé. Aussi avait-on remarqué
que les balles des carabines étaient d'un effet militaire à peu près nul à 600 mètres, tandis que les
balles ordinaires, lancées par le fusil, étaient encore
très-meurtrières à cette distance.

Pour les projectiles sphériques, la stabilité de l'axe
de rotation augmentant avec le calibre, le pas de l'hélice augmente en raison du diamètre du projectile ;
ainsi, pour le fusil de rempart et la carabine modèle
1842, on aurait :

$$24^{mm} : 17^{mm} :: x : 6^{m},22 ;$$

d'où l'on tire

$$x = 7^{m},68, \text{ au lieu de } 8^{m},12\ldots$$

Pour un boulet de 8 en plomb de $87^{mm},6$ de diamètre, on aurait :

$$17^{mm} : 87^{mm},6 :: 6^{m},22 : x = 32^{m}.$$

Il est présumable qu'avec son aussi faible inclinaison le mouvement de rotation ne serait pas bien assuré, à moins qu'on n'employât un moyen de forcement bien régulier, et qu'en outre le mobile fût
aplati d'environ $\frac{1}{7}$ de son diamètre, comme cela a lieu
dans les carabines.

L'excentricité des projectiles, qui produit des déviations si considérables dans les armes à canon lisse, n'en produit que d'assez faibles dans les armes rayées.

Lorsque le centre de gravité du projectile n'est pas dans l'axe du canon, on conçoit que tant que le mobile reste dans l'âme, le centre de gravité tourne autour du centre de figure et décrit une spirale. A la sortie du canon, le centre de gravité, en vertu de la force centrifuge, s'échappe suivant la tangente à cette spirale avec la vitesse qu'il possède actuellement. La grandeur absolue des déviations dépend de l'écartement du centre de gravité et de la vitesse de rotation de la balle. Toutefois, comme cette force déviatrice est assez faible, la résistance de l'air ne modifie pas sensiblement le mouvement qu'elle produit, et celui-ci peut être considéré comme étant uniforme.

Soit, par exemple, la carabine modèle 1846 lançant une balle allongée, présentant une excentricité de $0^{mm},1$ et animée d'une vitesse initiale de 312 mètres pas seconde.

La vitesse initiale de rotation de la balle étant de 156 tours par seconde, celle du centre de gravité sera de

$$156 \times \pi \, 0^{mm},1 = 49^{mm}.$$

La balle allongée employant $6'',71$ environ pour un trajet de 1200 mètres, la déviation à cette distance serait de

$$6'',71 \times 49^{mm} = 0^m,329, \text{ soit } 0^m,33.$$

Les déviations dont il s'agit sont peu importantes; cependant elles montrent qu'il y a un inconvénient réel à diminuer la hauteur du pas de l'hélice des armes rayées, au delà de celle qui convient pour le projectile et la charge de chaque arme.

Quant au sens de la déviation, il dépendra de la direction ordinaire des rayures; la tangente à l'hélice décrite par le centre de gravité de la balle étant toujours inclinée de gauche à droite pour tous les points qui sont situés au-dessus de l'axe et la plupart des canons renfermant à peine une demi-hélice, il en résulte que les déviations, dont nous nous occupons, auront toujours lieu à droite.

Pour les points au-dessous de l'axe du canon, les tangentes à l'hélice que décrit le centre de gravité étant dirigées de droite à gauche, il en résulte que, pour les canons qui renferment plus d'une demi-hélice, les déviations auront toujours lieu à gauche.

La déviation horizontale maximum correspondra évidemment au point où la tangente extrême à l'hélice sera dans un plan horizontal; au contraire, la déviation latérale sera nulle quand la tangente dont il s'agit sera dans un plan vertical.

Le sens de la déviation dépendra donc de la position de la tangente à l'hélice décrite par le centre de gravité de la balle, position qui dépend elle-même de celle du centre de gravité et de la longueur du canon.

Nous avons déjà dit qu'à mesure que le pas de l'hélice diminue, le frottement de la balle dans les rayures devient plus énergique, et qu'il y a des limites de vitesse qu'il est impossible de franchir. Ici les rayures progressives à profondeur décroissante permettraient peut-être de dépasser les limites, qui n'ont été trouvées que pour des hélices ordinaires. *Voir la note* A.

Les premières balles allongées qui ont été essayées consistaient en un cylindre terminé par un cône; de là le nom de balles cylindro-coniques qui leur avait été donné d'abord. Ces balles, quoique d'un tir bien supérieur à celui des balles sphériques, laissaient beaucoup à désirer. Plus tard, on donna aux balles la forme ogivale, et on pratiqua à leur base une

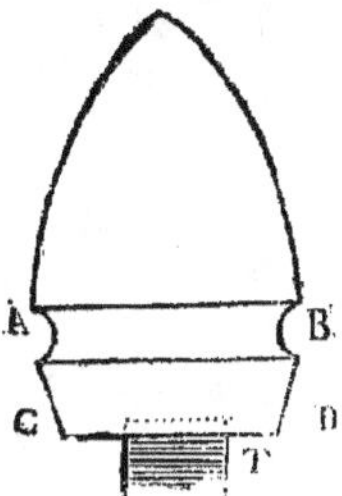

fig. 11.

gorge AB destinée à lier la cartouche à la balle avec une ficelle graissée qui faisait office de calepin pour graisser le canon et faciliter le mouvement. On remarqua que ces balles allaient beaucoup mieux que les autres, et l'on reconnut que cette supériorité d'effet était due à la présence de la gorge.

Le forcement de ces balles s'effectuait à l'aide d'une tige cylindrique en acier T de 38 millimètres de hauteur et 9 millimètres de diamètre, vissée dans la culasse. La poudre occupait l'espace entre la tige et les parois du canon, et la balle reposait par sa base plane CD sur le sommet de la tige T. Au moyen d'une

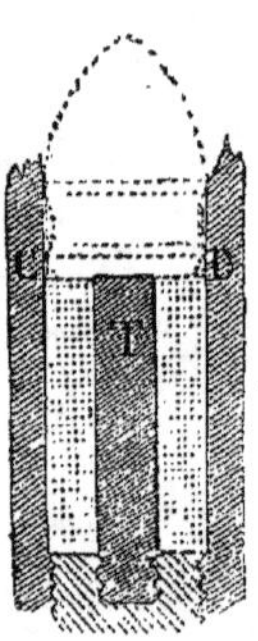

fig. 12.

forte baguette, dont la tête était fraisée suivant la forme de la pointe de la balle, on frappait trois coups très-forts, de manière que la tige pénétrât dans la

base de la balle et en déterminât le gonflement ;
cette balle, en augmentant de diamètre, pénétrait
dans les rayures du canon et se trouvait forcée.

On remarqua que ces balles, qui portaient à 800 et
même à 1000 mètres, avaient l'inconvénient de donner des déviations à droite à peu près constantes.
Ces déviations allaient jusqu'à 4 mètres à 800 mètres. On appela ce phénomène dérivation et on en
donna l'explication suivante :

Les corps allongés, lorsqu'ils ne se renversent pas,
tendent à conserver leur axe dans sa direction première, c'est ce qu'on voit quand on lance une flèche
mal empennée avec peu de vitesse ; il résulte donc
de là que la pointe $a$ du mobile est constamment au-
dessus de la trajectoire, et que son axe $ax$ fait un
certain angle avec la tangente à cette courbe.

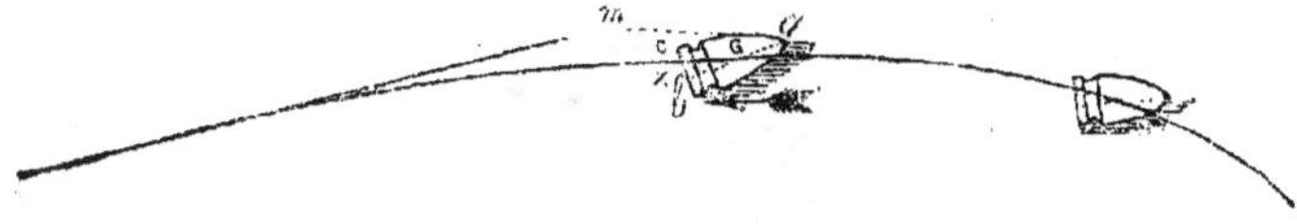

fig. 15.

Or, la partie $ab$ de la balle étant exposée à l'action
directe de la résistance de l'air, le fluide est comprimé sur la face $ab$ et raréfié sur celle $ac$. On voit
donc que le fluide comprimé soutient le mobile et
empêche qu'il ne descende aussi vite qu'une balle

sphérique qui serait constituée pour éprouver la même résistance directe de la part de l'air. La trajectoire devra donc être plus allongée que celle de la balle sphérique en question. La résistance de l'air agissant sur la gorge du projectile, produit sur la partie inférieure de cette gorge une action (représentée par une flèche) qui tend à ramener sa pointe sur la trajectoire, mais avec peu d'énergie, de telle sorte que souvent, dans la branche descendante, le mobile se renverse et se meut en travers pour les portées de 1000 à 1200 mètres.

La partie inférieure du mobile se mouvant dans l'air comprimé, et celle supérieure dans l'air raréfié, il doit en résulter une déviation.

En effet, le haut de la balle tournant de gauche à droite, le dessous doit tourner de droite à gauche.

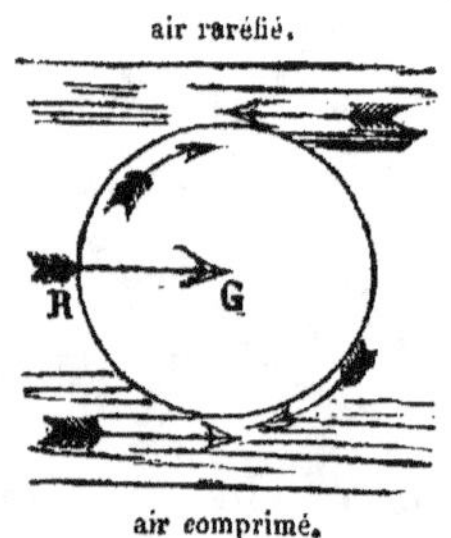


fig. 14. — Balle vue par derrière.

Les résistances au mouvement de rotation étant en sens inverse de ce mouvement, il en résulte que la résistance supérieure agira de droite à gauche, celle inférieure de gauche à droite. Mais la résistance inférieure étant due au frottement de l'air comprimé est plus grande que la résistance supérieure qui est due au frottement de l'air raréfié. En combinant ces deux résistances, il en résultera une force unique RG agissant de gauche à droite et qui produira ce qu'on appelle la dérivation.

Telle est l'explication généralement adoptée.

M. le capitaine d'artillerie Tamisier, en réfléchissant aux propriétés de la balle à gorge, fut conduit à la balle ogivale à cannelures dont on se sert aujourd'hui, et qui est désignée maintenant sous le nom de balle allongée.

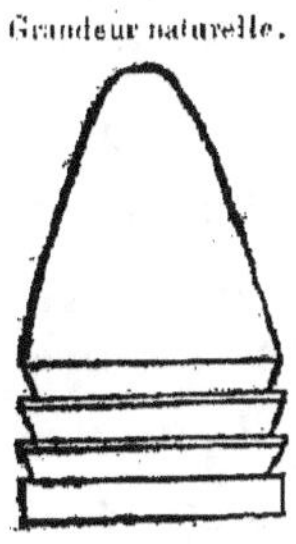


fig. 15.

Cette balle, du poids de 47 gr. $\frac{1}{2}$ et de $17^{mm},2$ de diamètre, présente trois cannelures *ccc*, dont l'objet est de donner prise à la résistance de l'air.

Ces cannelures n'ont que 0$^{mm}$,7 de saillie, elles agissent à la manière des pennes des flèches pour maintenir le mobile suivant sa trajectoire.

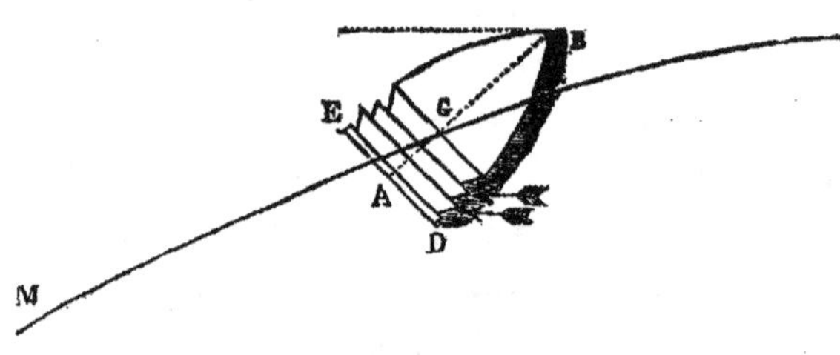



fig. 16.

Supposons que cette balle décrive la trajectoire M et que AB soit la position de son axe, on voit que la partie inférieure de la balle rétablit l'air comprimé tandis que la partie supérieure se trouve dans l'air raréfié. Que, par conséquent, la partie inférieure des cannelures est soumise à l'action directe de la résistance de l'air, tandis que leur partie supérieure échappe totalement à cette action.

La résultante de l'action de la résistance de l'air sur les cannelures (1) tend évidemment à ramener la

_______________

(1) Il serait plus conforme à l'esprit de la nomenclature d'appeler cannelures les rayures du canon, et rayures les cannelures de la balle.

pointe du mobile suivant la trajectoire ; mais comme cette action est produite par la pression d'un fluide élastique, il en résulte que la pointe B, après avoir été un instant sur la trajectoire, s'abaissera au-dessous, en vertu de la vitesse acquise; mais alors les cannelures supérieures se trouvant en prise à l'action de la résistance de l'air, cette action, jointe à la pesanteur, fera remonter la pointe du mobile, qui descendra ensuite pour remonter encore, etc., en sorte que le projectile aura dans tout son trajet un balancement vertical, qu'on aperçoit assez distinctement dans les flèches.

Il est d'expérience que les balles allongées n'éprouvent pas de dérivation sensible; or, on ne voit pas d'abord comment la présence des cannelures annulerait la dérivation. A moins qu'on ne l'attribue au balancement de l'axe AB du mobile, qui se trouve

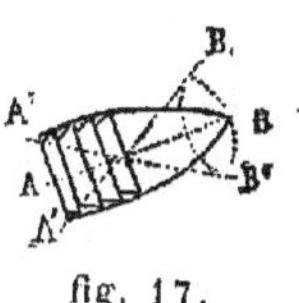

fig. 17.

réglé de manière que l'air comprimé, agissant tantôt au-dessous et tantôt au-dessus de la balle, compense et annule la dérivation en imprimant au centre de gravité un petit mouvement en spirale.

L'influence attribuée au frottement me paraît tout à fait inadmissible, si l'on remarque surtout que c'est dans la branche descendante de la trajectoire des balles allongées que se manifestent les plus grandes dérivations ; à cet instant du mouvement, la différence entre la densité de l'air qui se trouve au-dessous de la balle, et celle de celui qui se trouve au-dessus est très-faible et n'est nullement capable de produire les effets dont on vient de parler.

Examinons quelle est l'influence du frottement de l'air comprimé dans le mouvement des projectiles.

Les anciens auteurs, notamment Lombard, et plus tard le célèbre Poisson, avaient attribué une grande influence au frottement de l'air sur la surface des projectiles et avaient vu dans ce frottement une des causes les plus énergiques des déviations, mais l'expérience n'a pas confirmé cette théorie.

Pour faire comprendre comment on expliquait les déviations par l'inégalité du frottement sur les surfaces antérieure et postérieure du mobile, nous allons prendre un exemple.

Quand un mobile tourne autour d'un axe perpendiculaire à sa trajectoire et situé dans le plan de tir à l'origine du mouvement, si le projectile tourne de gauche à droite, sa face postérieure tournera de droite à gauche. Or, le mouvement de la face antérieure ayant lieu dans l'air comprimé, tandis que celui de la face postérieure a lieu dans l'air raréfié, il est évident que la résistance relative au mouvement dans l'air comprimé est plus grande que celle due au mouvement dans l'air raréfié ; mais les résistances dont il s'agit étant dirigées en sens contraire du mouvement de rotation, il en résultera que la plus grande résistance aura lieu de droite à gauche, et la plus faible de gauche à droite ; la résultante de ces deux forces agissant dans le sens de la plus grande, le corps déviera à gauche.

Si l'axe de rotation était perpendiculaire au plan de tir et que sa face antérieure tournât de dessus en dessous, il est facile de voir que les résistances dues au frottement auraient une résultante dirigée de dessous en dessus et que la portée devrait être augmentée ; mais cette théorie n'est pas du tout d'accord avec l'expérience qui démontre au contraire que dans ce cas la portée est raccourcie.

La cause efficiente des déviations n'est donc pas le frottement de l'air, mais bien la vitesse absolue avec laquelle chacun des points du mobile choque le milieu résistant. On conçoit que si les points de la gauche du mobile, par rapport au plan de tir, choquent l'air avec plus de vitesse que ceux de la droite, la résistance sera plus grande à gauche qu'à droite, et que, par conséquent, le mobile tendra à dévier à droite.

Ainsi, dans le cas où, comme tout à l'heure, l'axe est supposé perpendiculaire à la trajectoire et où la face antérieure tourne de gauche à droite, on voit que pour les points qui, comme A, sont à la gauche, la vitesse de rotation tend à s'ajouter à la vitesse V du

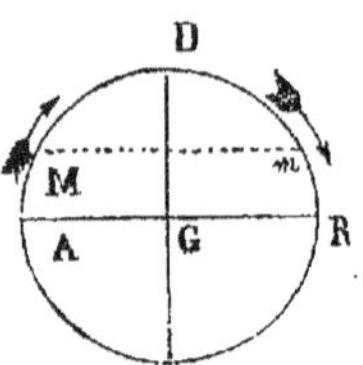

fig. 18.

centre de gravité, tandis qu'à partir du point D le mouvement est rétrograde, et que la vitesse de rotation se retranche de celle de translation.

En appelant $\omega$ la vitesse qui s'ajoute à celle de translation pour le point M, on aura pour la vitesse avec laquelle ce point choque le milieu, $V+\omega$; tandis que $V-\omega$ sera la vitesse relative au mouvement de $m$.

Mais la résistance de l'air croissant dans le rapport de la puissance $\frac{5}{2}$ de la vitesse, cette résistance sera proportionnelle à $(V+\omega)^{\frac{5}{2}}$ pour le point M, et à $(V-\omega)^{\frac{5}{2}}$ pour le point $m$, en faisant le même raisonnement pour tous les points compris de A à D; on voit que la résistance sera plus grande à gauche qu'à droite du plan de tir, le mobile devra donc dévier à droite, c'est-à-dire dans le sens vers lequel il tourne.

Lorsqu'un nombre est élevé à la puissance $\frac{5}{2}$, une augmentation ou une diminution, même assez légère du nombre, détermine des différences très-notables dans les résultats; c'est pourquoi la cause que nous venons d'indiquer est susceptible de produire des effets bien autrement importants que le frottement dont l'action doit être vraiment minime.

Si le mobile tourne de dessus en dessous, la résultante de l'action totale agit de dessus en dessous, et la portée est diminuée, ce qui est conforme à l'expérience (B).

Pour les balles lancées par les carabines, si le frottement avait une influence aussi grande que le supposait l'ancienne théorie, la vitesse de rotation du mobile serait bientôt détruite, ou du moins elle serait considérablement diminuée. Tandis qu'au contraire il est d'expérience que cette vitesse se conserve à peu près sans altération jusqu'à la fin du trajet. Il résulte de ce qui précède, que la différence qui existe entre le frottement du mobile dans l'air comprimé et dans l'air raréfié est trop faible pour produire les dérivations observées, surtout dans le mouvement des gros projectiles.

Il faut donc chercher la cause de la dérivation dans la différence de vitesse avec laquelle les différents points du mobile frappent le milieu résistant.

Nous avons supposé jusqu'à présent que les mobiles sphériques n'étaient pas susceptibles de dériver, parce que nous avons supposé que l'axe de rotation du projectile était toujours dirigé suivant la trajectoire; mais il n'en est pas ainsi, et, dans la branche ascendante de la courbe, l'axe de rotation de la balle est au-dessus de la tangente à la trajectoire.

Quant à la branche descendante, le contraire a lieu, et l'axe de rotation est au-dessous de la tangente à la courbe. Ce fait constaté avec la carabine mod. an. 9, et depuis bien des années, est tout à fait confirmé par les expériences faites à Metz en 1839 par M. le lieutenant-colonel d'artillerie Didion sur le tir des balles de différentes formes avec le pistolet facultatif d'officier de cavalerie (m. 1833). M. Didion a reconnu comme moi, que le pôle antérieur de la balle se trouvait au-dessus de la tangente à la trajectoire dans la partie ascendante de cette courbe, et au-dessous dans la branche descendante.

fig. 19.

Ainsi XY étant une cible, l'écartement entre le pôle $a$ et le point K est beaucoup plus grand que K$i$ qui dépend de l'inclinaison de la courbe et s'élève à $0^{mm},2$, à $0^{mm},3$ dans le tir au pistolet, tandis que $a$K est souvent de 1 millimètre $\frac{1}{2}$ à 2 millimètres.

On a remarqué à Metz, comme je l'avais fait moi-même, qu'en tirant sur une cible en fer, la balle était rejetée à gauche, ce qui est une conséquence naturelle de la position du point choquant K.

A l'origine du mouvement, l'axe de rotation est dirigé suivant la tangente à la trajectoire, puis il s'écarte de plus en plus de cette tangente, après quoi il s'en rapproche pour coïncider avec elle, un peu au delà du sommet de la courbe; passé ce point, l'axe de rotation s'abaisse de plus en plus au-dessous de la tangente à la trajectoire, et lorsque cette courbe est assez étendue, l'abaissement de l'axe devient tel, qu'il détermine le renversement du projectile.

Examinons d'abord ce qui se passe dans la branche ascendante, soit AMBP, un projectile lancé sui-

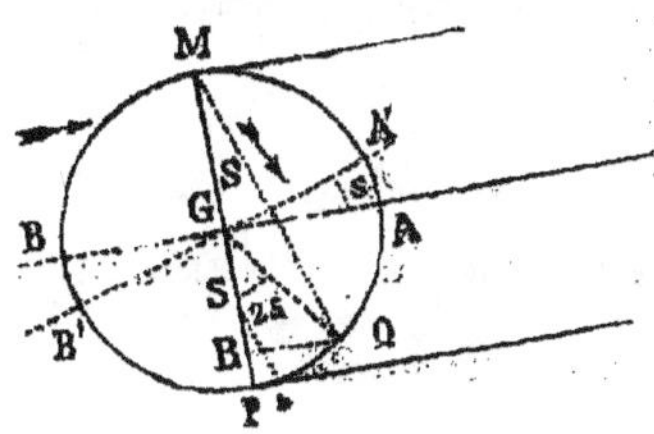

fig. 20

vant la direction AB; supposons que le centre de figure et le centre de gravité soient réunis en G, et considérons le mobile en un instant quelconque de son trajet :

Soit B'A' son axe de rotation s'élevant au-dessus de la trajectoire de la quantité angulaire $\delta$; soit V la vitesse actuelle de translation du mobile, $n$ le nombre de tours qu'il fait par seconde, et D son diamètre.

La résistance de l'air concentre son action sur l'hémisphère MAP, mais il n'y a plus égalité entre la vitesse avec laquelle chacun des points de cet hémisphère rencontre le milieu résistant.

Considérons le point M, par exemple : ce point, en tournant autour de A'B', avance de la quantité QR, et si l'on joint GQ l'angle PGQ $= 2\delta$, et l'on a

$$QR = \tfrac{1}{2} D \sin 2\delta;$$

or, QR est la quantité dont le point M s'avance dans un demi-tour, donc le chemin parcouru dans un tour entier serait

$$D \sin 2\delta,$$

et en appelant $u$ la vitesse de ce point, on aura

$$u = nD \sin 2\delta.$$

La vitesse $u$ est celle que le mouvement de rotation vient ajouter à la vitesse de translation, en sorte qu'à la droite du plan de tir la vitesse du point M est $v + u$.

De l'autre côté du plan, le point P remontant vers

M, recule de la même quantité PR, et partant, la vitesse de ce point devient $v - u$.

Les résistances étant supposées proportionnelles à la puissance $\frac{5}{2}$ de la vitesse, la résistance à droite sera proportionnelle à $(v+u)^{\frac{5}{2}}$, et à gauche à $(v-u)^{\frac{5}{2}}$.

Pour les points intermédiaires de Q à M, on trouve que les résistances à droite du plan de tir sont plus grandes que celles de gauche, mais que la différence diminue de manière à être nulle au point A'.

La même observation s'applique aux points compris entre P et Q; un point $s$ quelconque du demi-cercle, dont MP est le diamètre, avance nécessairement en descendant vers $t$, tandis que $t$ recule en remontant.

L'ensemble de ces forces constituera une force accélératrice variable, qui, nécessairement, fera dévier le mobile à gauche, puis la déviation ayant été un moment stationnaire, aura lieu en sens contraire et

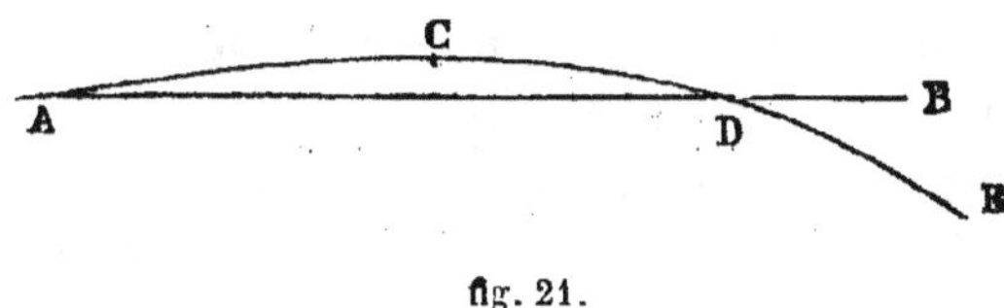

fig. 21.

jettera le mobile finalement à droite du plan de tir AB, ainsi que nous allons le faire voir d'une manière sommaire.

Nous avons dit tout à l'heure que dans la branche descendante de la trajectoire l'axe de rotation de la balle était au-dessous de la tangente à la courbe.

En répétant les mêmes raisonnements que ci-des-

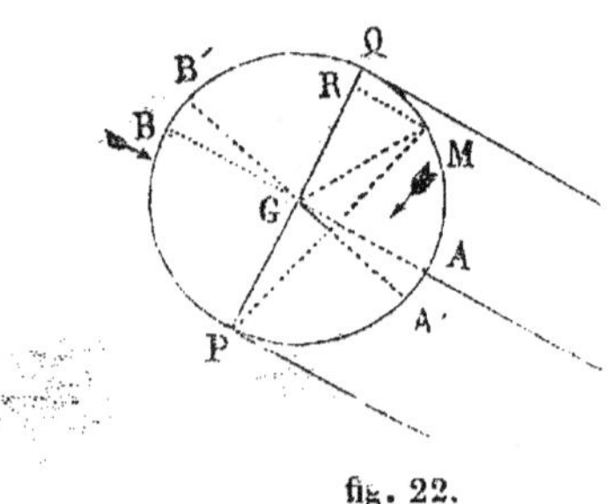



fig. 22.

sus, on voit que le point M, en tournant de gauche à droite, recule de la quantité

$$MR = \tfrac{1}{2} D \sin 2\delta,$$

tandis que le point P, au contraire, avance en remontant de la même quantité MR.

En opérant comme pour la branche ascendante et appelant $u$ la vitesse additive ou soustractive des points P et M, on a

$$u = nD \sin 2\delta.$$

En considérant les points M et P, la résistance à droite du plan de tir est proportionnelle à $(v - u)^{\frac{5}{2}}$,

tandis qu'à gauche du même plan elle est proportionnelle à $(v + u)\frac{5}{2}$.

En répétant le même raisonnement pour tous les
points de l'hémisphère, on voit que la résistance est
plus grande à gauche qu'à droite, et que, par conséquent, le mobile déviera à droite.

Les déviations relatives à la branche ascendante
sont très-limitées, l'axe de rotation du mobile coïn-
cidant avec la tangente à la trajectoire à l'origine du
mouvement et vers le sommet de la courbe, tandis
que dans la branche descendante l'axe de rotation
s'écarte de plus en plus, et cet abaissement devient
tel, qu'il amène le renversement de la balle.

De plus, la branche descendante étant plus lente-
ment parcourue que la branche ascendante, et la vitesse de translation du mobile étant de plus en plus
petite, l'influence de la vitesse additive $u$ produite
par la rotation devient de plus en plus importante.
De là résulte que la déviation relative à la branche
descendante l'emportera d'autant plus sur celle relative à la branche ascendante que la portée sera plus
grande, que le projectile sera plus gros, et que son
mouvement de rotation sera plus rapide.

Le mobile déviera donc à droite; cette déviation
est évidemment ce qu'on a appelé dérivation.

On trouve pour la balle sphérique de $16^{mm},35$,
lancée avec une vitesse de 430 mètres, et faisant 69
tours par seconde, une dérivation à peine appré-
ciable à 400 mètres.

Pour avoir une idée de l'importance de la force déviatrice, supposons qu'il s'agisse d'une bombe de 27 centimètres lancée avec une vitesse de 100 mètres par seconde; soit $n = 120$; $\delta = 5°$ maximum de l'é-cartement de l'axe de rotation, on aura

$$u = 120 \times 0{,}27 \times \sin 10° = 5{,}626 \text{, soit } 5^m{,}63.$$

La résistance à droite du plan de tir sera donc proportionnelle à $(105{,}63)^{\frac{5}{2}}$ pour le point M; celle à gauche, relative à P, sera également proportionnelle à $(94{,}37)^{\frac{5}{2}}$; ces forces seront donc entre elles

$$:: 1{,}3255 : 1;$$

on voit par ce calcul que la force déviatrice a une assez grande importance pour le projectile dont il s'agit.

Dans la branche descendante, si l'on suppose que la vitesse restante au point où $\delta = 5°$, soit de 65 mètres, les résistances seront entre elles

$$:: (70{,}63)^{\frac{5}{2}} : (59{,}37)^{\frac{5}{2}} :: 1{,}5437 : 1.$$

Les causes de déviation deviennent donc de plus en plus importantes dans la branche descendante, et finalement le mobile devra donc dévier à droite.

On voit par là que la dérivation qu'on croyait particulière aux projectiles allongés, s'étend également à la sphère, qui, après tout, n'en est qu'un cas particulier, mais qu'il faut, pour la rendre sensible, employer de gros projectiles et leur imprimer une vitesse de rotation considérable.

Pour diminuer la dérivation des gros projectiles lancés sous de grands angles, nous pensons qu'il faudrait réduire le diamètre de l'axe dans le sens de sa longueur de $\frac{1}{5}$ environ et ne leur imprimer qu'un mouvement de rotation très-lent, comme d'une révolution pour 10 mètres. Je crois qu'ainsi constituées les bombes seraient d'un tir très-correct.

Les projectiles sphériques sont un cas particulier des projectiles allongés, ce sont eux qui, présentant le moins de surface, éprouvent le moins de dérivation, surtout quand un certain aplatissement ajoute à la stabilité de leur axe de rotation.

Occupons-nous maintenant des projectiles allongés et considérons d'abord ce qui se passe dans la branche ascendante de la trajectoire.

Soit un projectile ABCD, dont le centre de gravité

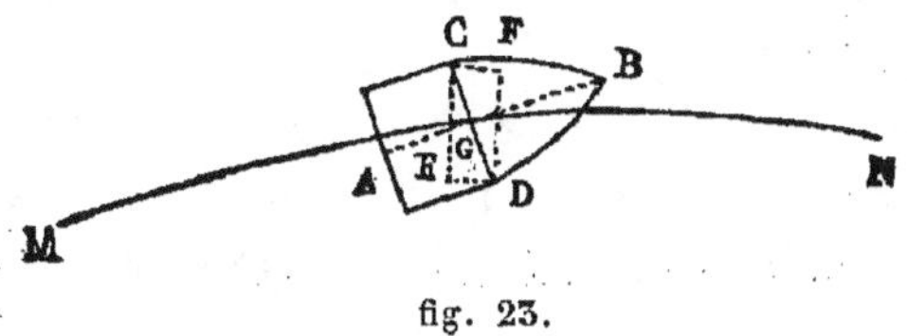

fig. 23.

décrit la trajectoire MN. Le point C, tournant de gauche à droite, se porte en avant de la quantité DE dans une direction parallèle à la tangente à la trajectoire, au point G, tandis que le point D remonte vers C en reculant de la quantité CF = DE, de sorte que si l'on appelle $u$ la vitesse avec laquelle C avance et D recule, les vitesses avec lesquelles ces points choqueront l'air seront respectivement $v+u$ et $v-u$, et les résistances qu'ils éprouveront seront respectivement proportionnelles à $(v+u)\frac{5}{2}$ et $(v-u)\frac{5}{2}$.

Le même raisonnement s'applique évidemment à tous les points du mobile, et la résultante sera d'autant plus grande que la surface latérale du mobile aura plus d'étendue relativement à son volume.

La résistance de l'air étant plus grande à droite qu'à gauche du plan de tir, le mobile déviera à gauche dans la branche ascendante de la trajectoire; mais ces déviations seront d'autant moins sensibles que le projectile sera d'un plus faible diamètre et que l'angle du tir sera plus petit.

Une cause contribue d'ailleurs à maintenir ces déviations dans d'étroites limites, c'est qu'à l'origine du mouvement, l'axe de rotation coïncide avec la tangente à la trajectoire et qu'il s'en rapproche encore vers le sommet.

Lorsque le mobile est dans la branche descendante de sa trajectoire, les choses se passent d'une manière inverse, l'axe de rotation est au-dessous de

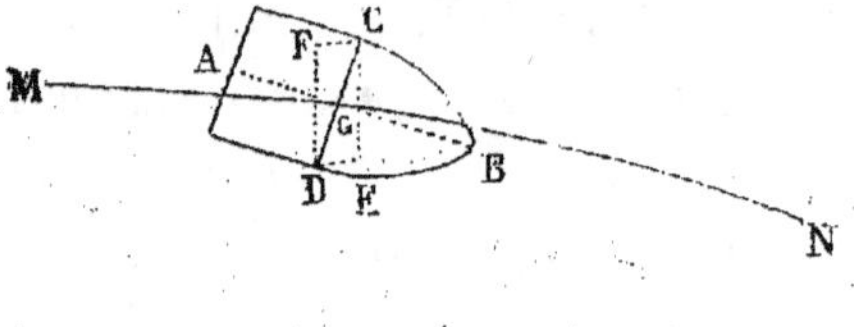

fig. 24.

la tangente à [la courbe MN, le point C recule par

l'effet du mouvement de rotation, et sa vitesse de translation se trouve diminuée, tandis que le point D avance en remontant vers le haut en C; de là résulte que les points du projectile qui sont à la droite du plan de tir ayant moins de vitesse que ceux qui sont à la gauche, la résistance devra être plus grande à gauche qu'à droite, et par conséquent le mobile devra dévier à droite.

La quantité que nous appelons $u$ est égale à $2n \times DE$; et si l'on appelle $\delta$ l'angle que fait l'axe du mobile avec la tangente à la trajectoire, on aura

$$ECD = \delta, \text{ et } DE = CD \sin \delta;$$

et en papelant D le diamètre du projectile, on aura

$$u = 2n D \sin \delta.$$

Les inclinaisons du mobile étant plus grandes dans la branche descendante BC que dans la branche AB,

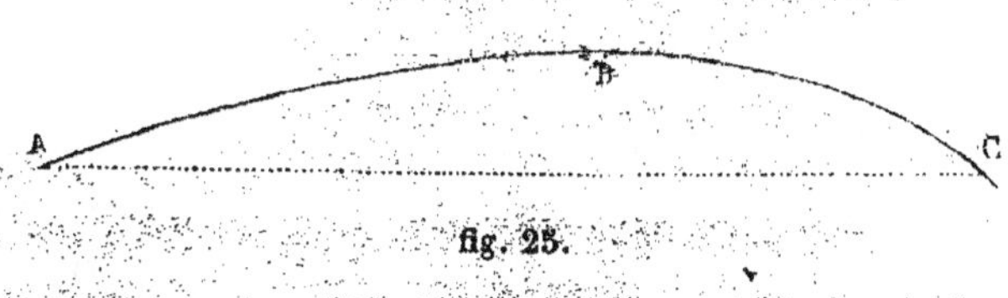


fig. 25.

on voit que le composante DE sera de plus en plus grande jusqu'à la limite qui doit amener le renversement du projectile.

De plus, la vitesse de rotation restant presque sans

altération, tandis que la vitesse de translation diminue rapidement, on voit que l'importance de DE dans les expressions $(v+u)^{\frac{5}{2}}$ et $(v-u)^{\frac{5}{2}}$ devient de plus en plus grande. D'où l'on doit conclure que la dérivation particulière à la branche descendante l'emportera d'autant plus sur celle propre à la branche ascendante que le projectile sera d'un plus grand diamètre, que l'angle de tir sera plus grand, la vitesse de translation plus faible, le mouvement de rotation plus rapide, et la portée plus grande.

Dans les expériences faites en Suède sur le boulet de 30, on a remarqué que les déviations les plus considérables répondaient aux plus grands angles de tir. En supposant le boulet de 16 centimètres de diamètre animé d'une vitesse de 460 mètres par seconde et faisant 122 tours dans le même trajet pour un angle dont le sinus serait de $\frac{1}{8}$, le point C avancerait de 2 centimètres pour un demi-tour ou de 4 centimètres pour un tour, et

$$122 \times 4 \text{ cent.} = 4^{m},88$$

serait l'accroissement de vitesse que la rotation communiquerait au point C. Les rapports des résistances à droite et à gauche du plan de tir seraient pour les points dont nous nous occupons :

$$\left(\frac{464,81}{455,12}\right)^{\frac{3}{2}} : 1 \text{ ou } :: 1,0547 : 1.$$

Pour un point de la branche descendante de même inclinaison, mais pour lequel la vitesse de translation serait réduite à 200 mètres, le rapport des résistances à droite et à gauche du plan serait pour les points dont nous sommes occupés,

$$:: 1 : \left(\frac{204{,}88}{195{,}11}\right)^{\frac{3}{2}} :: 1 : 1{,}6303;$$

ainsi pour la branche ascendante, la différence entre les résistances de chaque côté du plan est de $\frac{1}{18}$ au moins, tandis que dans la branche descendante cette différence est de $\frac{1}{8}$ au moins, et au lieu d'être comprise entre deux limites où elle est nulle, elle croît jusqu'au renversement du projectile.

Pour arriver à détruire la dérivation dans les projectiles allongés, il faut qu'il existe entre leur vitesse de translation et celle de rotation un rapport convenable, de manière que le balancement du mobile produit par la résistance de l'air sur les cannelures, fig. 17, devienne le correctif de la position défectueuse de l'axe de rotation. On conçoit que d'après ce qui a été expliqué ci-dessus, les oscillations du mobile l'élèvent et l'abaissent de quantités à peu près égales au-dessus et au-dessous de la tangente à la trajectoire, les causes de dérivations seront annulées à chaque oscillation, le centre de gravité décrira une spirale très-allongée, à peine sensible, et il n'y aura pas de dérivation.

La balle actuelle et celle à culot jouissent de cette propriété dans les armes rayées au pas de 2 mètres; mais on conçoit que si on voulait donner à la balle une vitesse de rotation plus forte, l'amplitude des oscillations diminuerait et les dérivations deviendraient apparentes, c'est ce qui a été remarqué à Vincennes, lorsqu'on a essayé des fusils rayés au pas de 1 mètre et de 1$^m$,30.

La pierre de touche de la théorie que nous venons d'exposer serait le tir sous de grands angles d'un mortier rayé, de gros calibre, lançant avec de faibles vitesses des mobiles légers, doués d'un mouvement de rotation très-rapide. En jalonnant la direction du tir, il serait facile de voir si les dérivations dont nous venons de parler, ont lieu réellement et de la manière que nous venons d'indiquer.

# ESSAI

## SUR LES

# PROJECTILES ALLONGÉS

### (TROISIÈME ARTICLE.)

----

Nous avons vu précédemment que le balancement des projectiles allongés, combiné avec leur vitesse de rotation faisait que la partie antérieure du mobile décrivait une spirale. Or, on conçoit que dans les oscillations coniques que fait la pointe de la balle, les surfaces latérales exposées à l'action de la résistance de l'air dépendent de la grandeur de ces mêmes oscillations, tout autant que de l'acuité de la pointe, il pourrait même arriver que l'allongement de celle-

ci, en augmentant l'étendue des oscillations, produi-
sît un accroissement dans les surfaces opposées à
l'action de la résistance de l'air; ceci rend compte,
ce me semble d'un phénomène assez remarquable,
qui consiste en ce que, passé certaines limites, et
pour des projectiles homogènes, l'allongement de la
pointe du mobile ne procure aucune augmentation
dans les portées. Il semblerait résulter des expériences
de Vincennes que la pointe de la balle ogivale pleine,
actuellement en service, approche beaucoup de la
limite d'acuité la plus avantageuse; telle était du
moins l'opinion de M. le capitaine d'artillerie
Tamisier, il y a quelques années.

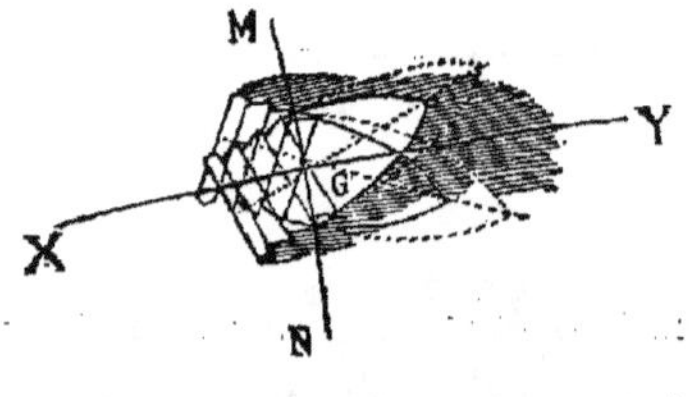


fig. 26.

En définitive, la résistance de l'air doit être proportionnelle à l'étendue des surfaces exposées à son
action, projetées sur un plan MN perpendiculaire à
sa trajectoire $xy$.

On voit donc, que si l'allongement de la pointe semble favoriser le mouvement du projectile en diminuant l'angle d'incidence des filets fluides ; d'un autre côté, les oscillations coniques du projectile viennent augmenter la surface latérale exposée à l'action de la résistance du milieu, c'est-à-dire la projection des surfaces sur le plan MN. Il doit donc y avoir un certain rapport à établir entre l'allongement de la pointe, les vitesses de translation et de rotation du mobile, la longueur de celui-ci et la surface des cannelures qui déterminent l'amplitude des oscillations. Rapport parfaitement établi dans la balle ogivale pleine actuellement en usage, et dont le tracé est dû à M. Tamisier.

La position du centre de gravité est fort importante à considérer ; ainsi, un mobile dont le centre

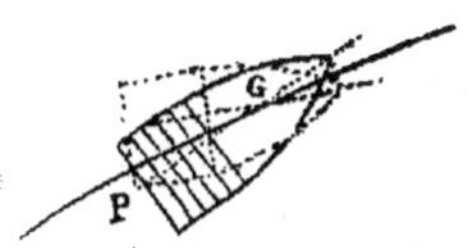

fig. 27.

de gravité G serait tout près de la pointe éprouverait un mouvement d'oscillation moins important quant aux effets retardateurs de la résistance de l'air. Ici les cannelures devraient être peu sensibles, l'action du milieu tendant toujours à replacer la pointe de la balle sur la trajectoire avec un bras de levier pro-portionné à PG.

Au contraire, plus le centre de gravité sera loin de la pointe, plus les excursions de celle-ci acquer-ront d'amplitude, plus la résistance totale que l'air oppose au mouvement deviendra considérable et plus les cannelures devront présenter de surface pour empêcher le renversement du projectile.

D'où l'on doit conclure, qu'une position bien cal-culée du centre de gravité, peut permettre de dimi-nuer l'acuité de la pointe de la balle, sans que la résistance de l'air soit accrue.

Les mobiles, dans lesquels le centre de gravité se trouve près de la pointe, jouissant des mêmes pro-priétés que les flèches, n'ont pas besoin d'être ani-més d'une grande vitesse de rotation pour être maintenus suivant la trajectoire. Comme ils ne sont point exposés à se renverser, la vitesse de rotation qu'on doit leur donner ne doit avoir pour objet que de corriger les imperfections qu'ils peuvent présenter et qui pourraient devenir sans cela une cause de dé-viation plus ou moins efficace.

Il semble résulter de là, que l'emploi des poin-tes aiguës exige que le centre de gravité du mobile soit à sa partie antérieure, et que la vitesse de rota-tion soit d'autant plus faible, que le mobile sera plus allongé. Je suis porté à conclure, que le maximum d'acuité de la pointe et de longueur du projectile entraîne la suppression complète du mouvement de rotation, et conduit par conséquent à la flèche.

Le sens de la dérivation dépend de la position du centre de gravité. En portant le centre de gravité en avant, la dérivation a lieu en sens opposé. On conçoit en effet que la résistance de l'air, agissant très-énergiquement sur la partie postérieure du mobile, produirait une action d'autant plus considérable, que la distance PB, figure 27, serait plus grande. La résistance de l'air ayant pour effet de porter la queue du projectile à gauche dans la branche ascendante de la trajectoire et à droite dans la branche descendante, il se passera ici quelque chose d'analogue au mouvement des fusées volantes, qui marchent sur le vent par suite de la direction que celui-ci imprime à leur queue. Ainsi donc, les balles, dont le centre de gravité sera près de la pointe, dériveront à droite dans la branche ascendante de la courbe et à gauche dans la branche descendante, c'est-à-dire en sens contraire des balles indiquées à la figure 11.

En définitive, la dérivation est due à ce que l'action de la résistance de l'air n'est pas la même de chaque côté du plan de tir, soit en avant, soit en arrière du centre de gravité. Le sens de la dérivation dépend donc de la position de l'axe de rotation du mobile, du sens de la rotation et de la position du centre de gravité.

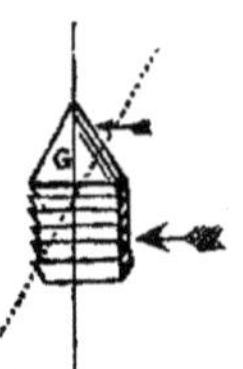

fig. 27 bis.

Les balles ogivales pleines donnant des portées de plus de 1200 mètres et un tir très-exact jusqu'à la distance de 1000 mètres, il semblait que le problème du perfectionnement des armes à feu portatives était complétement résolu. Mais on reconnut bientôt que le forcement était long et difficile, surtout en cas de presse ; que, quand il n'était pas complet, la balle se mouvait en travers et n'avait ni justesse ni portée, que l'entretien de l'arme était difficile et exigeait un outillage dispendieux et d'un assez mauvais service.

D'ailleurs, le forcement de la balle ayant toujours lieu au même endroit, la percussion de la baguette et la pression du plomb doivent, au bout d'un temps plus ou moins long, émousser le sommet de la tige et évaser le canon, de sorte que le forcement doit devenir de plus en plus difficile. Il faudrait peut-être

pour remédier à cet inconvénient, que la tige por-
tât une embase du diamètre du canon et un pas de
vis assez long, pour qu'on pût exhausser le sommet
de la tige par une interposition graduelle de rondelles,
de plus en plus épaisses, entre le bouton de culasse
et l'embase.

Dans le cas où le canal de lumière serait obstrué
par cette disposition, il serait facile de le rétablir par
un coup de forêt.

On pourrait peut-être exhausser la tige par une partie rapportée à vis. Cette disposition, plus simple que
la première, serait beaucoup moins coûteuse et peut-
être aussi bonne, du moins pour un certain temps.

Depuis plusieurs années, j'avais pensé que l'inertie
des projectiles pouvait servir à les forcer dans l'âme
des armes à feu.

On conçoit que si, pendant que la masse princi-
pale du mobile résiste en vertu de son inertie, une
partie plus légère, et par conséquent plus tôt mise en
mouvement, glisse sur le mobile ou y pénètre et en
détermine le forcement; le problème est résolu,
non-seulement pour les armes à feu portatives, mais
pour les bouches à feu. C'est dans ce sens que j'écri-
vais dans le *Journal des Sciences militaires*, n° 67,
(1845), 23ᵉ volume de la 3ᵉ série...... p. 106 et sui-
vantes :

« Je pense qu'il serait facile de mettre à profit la
« force d'inertie du projectile pour obtenir dans les
« canons ce qu'on obtient par la percussion dans

« les armes portatives ; » et après avoir proposé différents modèles de boulets, dont les diverses parties en jouant l'une sur l'autre produisent le forcement, je termine en disant : « Au surplus, le principe que « nous venons de poser étant adopté, quelques es- « sais feraient connaître bien vite la manière la « plus avantageuse de l'appliquer. »

Ayant eu occasion de voir plusieurs fois M. le capitaine d'artillerie Tamisier à Vincennes, quelque temps après la publication de ce document, je lui parlai de nouvelles balles construites d'après cette méthode ; mais cet habile officier, préoccupé de ses propres idées et des beaux résultats qu'il obtenait avec les balles allongées pleines, n'adopta pas mes idées.

Je ne connais aucun ouvrage d'artillerie ou militaire quelconque, antérieur à 1845, où la force d'inertie ait été indiquée comme moyen de forcement ; en sorte que je crois être le premier auteur militaire qui ait formulé positivement, que l'inertie de la matière pouvait être employée au forcement de toute espèce de projectiles dans les armes rayées.

La balle à culot, dont le tracé est dû à M. Minié, est une application du principe que nous venons de poser ; cette balle a 17$^{mm}$,2 de diamètre et 29 millimètres de hauteur, dont 16 millimètres pour la partie cylindrique, figure 28. Cette mêne partie présente trois cannelures arrondies et un vide conique destiné à recevoir un culot en tôle de 1 millimètre d'épaisseur. Le poids de la balle est de 50 grammes, dont 2 pour le culot; la charge de poudre est de 5 grammes.

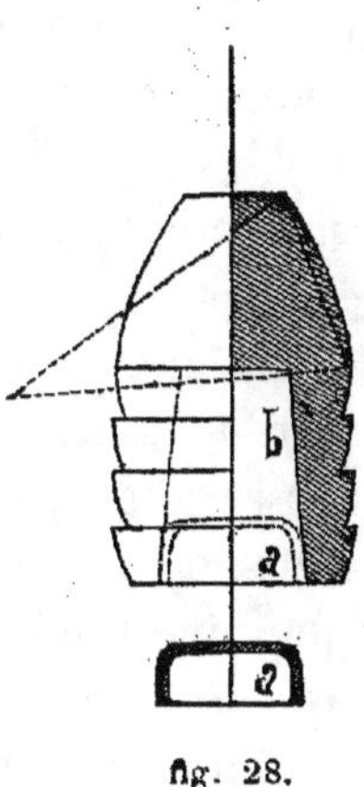

fig. 28.

L'effet de cette balle est facile à comprendre. Pendant que le mobile résiste en vertu de son inertie, le culot $a$ qui est fort léger, recevant l'action des gaz, se met en mouvement, s'enfonce dans le vide $b$ et détermine le forcement de la balle, à l'instant même où le coup part.

La balle étant fondue par la pointe, celle-ci est terminée par une section plane de 6 millimètres de diamètre, provenant de la suppression du jet. Nonobstant cette forme peu favorable, la balle à culot donne à peu près les mêmes résultats que la balle ogivale pleine, ce qui tient à ce que la balle à culot étant creuse et ayant, en vertu de son tracé, son centre de gravité plus près de la pointe que la balle pleine, les oscillations de la pointe conique ont moins d'amplitude dans la balle à culot que dans la balle pleine ; il s'établit donc ainsi une compensation dans les effets de la résistance de l'air sur les deux balles, compensation qui me paraît résulter de la différence de position de leur centre de gravité.

Par suite de l'emploi de cette balle, la tige devient inutile, la baguette reprend sa forme ordinaire, le chargement devient aussi rapide que celui du fusil. Enfin cette balle peut être employée dans toute espèce d'arme quelconque, mousqueton, pistolet.....

J'ai remarqué que le jeu de cette balle n'était pas parfaitement assuré, qu'il arrivait rarement que le culot s'enfonçât dans le vide de la balle, ce qui tient à ce que le plomb est trop épais, et à ce que la pression du gaz qui s'échappe par le vent comprime le haut de la balle, la serre sur le culot, en sorte que celui-ci ne peut plus jouer dans le vide conique de la balle et produire un forcement exact ; il arrive même souvent que la pression dont nous parlons, fait sortir le culot de la cavité de la balle et que ce culot reste dans le canon du fusil. Un culot dont le fond serait à angles vifs serait bien moins sujet à se détacher. Une culasse à chambre serait avantageuse pour cette espèce de balle, en ce que les gaz agissant presque exclusivement sur le culot, dans les premiers instants, en détermineraient l'enfoncement complet dans le projectile.

Telle est la fécondité du principe de l'inertie que la balle, dite à culot, se force d'elle-même et sans culot. Il est à croire que les gaz qui s'échappent par le vent, c'est-à-dire entre le canon et la balle, pressent celle-ci assez fort contre le canon pour qu'elle puisse prendre l'empreinte des rayures avant de se mettre en mouvement; en sorte que les balles tirent presque aussi juste sans culot qu'avec le culot. Toutefois le culot est nécessaire pour donner de la résistance aux balles et empêcher qu'elles ne se déforment dans les transports.

Les balles dont j'avais parlé à M. le capitaine Tamisier, avaient beaucoup moins d'épaisseur à leur base que celles de M. Minié, elles étaient plus allongées et ne pesaient que 30 grammes. Leur tampon était en bois dur, et l'arme destinée à les lancer était à culasse à chambre comme la carabine, modèle 1842.

Il résulte de ce qui précède, que dans la balle à culot, le vent est le principe du forcement; un vent trop faible deviendrait donc insuffisant. Le tir dont il s'agit n'est donc plus un tir à balle forcée, mais un tir à balle libre, analogue au tir de la balle ordinaire, sauf sa forme allongée et la puissance de ses effets.

Les anciennes carabines anglaises se rapportent au tir carabiné sans forcement.

Le canon des carabines anglaises présente deux
rayures diamétralement opposées A, B, qui donnent

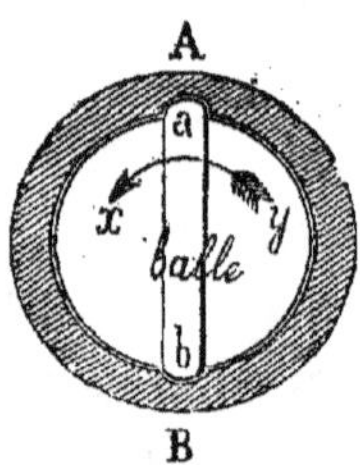


fig. 29.

le mouvement de rotation à la balle. A cet effet, la
balle présente une ceinture, espèce de cordon circulaire *ab*, placé suivant un de ses grands cercles et approprié aux dimensions des rayures, avec un
certain vent, afin de permettre à la balle de glisser
facilement au fond du canon, figure 29.

Le mouvement de rotation de la balle a lieu dans
le sens *xy*, mais la forme du projectile est peu avantageuse. Une balle allongée à deux ailettes, s'enga-
geant dans les rayures du canon, serait d'un excellent
service, en calculant la longueur et le poids de cette
balle, de manière à atténuer sa dérivation. Le défaut
de ces carabines, c'est l'encrassement des rayures et
les tâtonnements que nécessite le placement de

la balle. La balle à culot, dont le chargement ne présente aucune difficulté, est de beaucoup préférable à celle à ailettes qui donne à peu près les mêmes résultats, quant aux effets du tir.

Les résultats que donnent les balles à culot semblent démontrer que le forcement des balles n'est pas indispensable pour la précision du tir, et que si le projectile a, par sa construction, le degré de stabilité nécessaire, il se rétablit de lui-même dans sa position normale et se meut régulièrement, nonobstant les inconvénients du vent, tandis que le forcement le plus parfait ne peut pas empêcher la dérivation et le renversement du projectile, quand celui-ci n'est pas dans de bonnes conditions.

Il semblerait que la balle à culot fût la vraie solution du problème des armes à feu portatives; mais la balle à culot pesant 50 grammes et la poudre 5 grammes, il en résulte que la cartouche devra peser 5 grammes au lieu de 36 que pèse la cartouche ordinaire. De là résulte le grave inconvénient de l'augmentation du nombre des voitures de transport. Ainsi le nombre des caissons nécessaire étant de 360, pour une quantité déterminée de cartouches ordinaires, il en faudrait 550 pour transporter le même nombre de cartouches à culot, ce qui n'est pas admissible.

Un autre inconvénient également très-grave, c'est l'affaiblissement des charges par suite du transport, soit dans les caissons, soit entre les mains du soldat, avec une charge de 4 gr. $\frac{1}{4}$ à 5 grammes, c'est-à-dire de $\frac{1}{70}$ du poids du projectile ; il est permis de douter qu'on obtiendra toujours à la guerre ces belles portées de 7 à 800 mètres et même 1,000, qu'on obtient dans les écoles de tir.

Je pense qu'un projectile militaire, destiné à être lancé par une arme à feu portative, doit peser 25 à 30 grammes et être lancé avec une charge de 6 à 7 gr. ; par ce moyen, on obtiendra une trajectoire plus rasante, de plus grandes vitesses, de plus grandes portées et plus de certitude dans les effets, les balles agissant en vertu de leur force vive. De plus, une charge de 6 à 7 grammes présente une masse de poudre assez grande pour conserver assez de force dans les cas les plus défavorables, et nonobstant les conditions atmosphériques les plus désavantageuses.

Aujourd'hui que les procédés mécaniques ont fait tant de progrès et que la capsule qui sert à amorcer les armes, est un produit d'art si compliqué, on est conduit à se demander pourquoi la balle, qui est infiniment plus importante que la capsule, ne serait pas l'objet d'un travail difficile et minutieux, s'il était démontré qu'il doit résulter de cette complication de grands avantages dans le service. Un projectile formé d'un sabot en bois dur, revêtu d'une enveloppe en plomb, façonnée à l'aide de poinçons mécaniques et de matrices, ne pèserait pas plus de 30 grammes et prendrait le mouvement de rotation par l'effet même du vent du projectile. Cette balle, étant soutenue par son noyau en bois, ne se déformerait presque pas dans les transports, figures 29 et 30. La charge étant portée à 6 gr.00, le poids de la cartouche serait de 36 grammes comme celui de la cartouche ordinaire. Le pas de l'hélice du canon de l'arme destinée à lancer cette balle devrait être de 3 mètres environ.

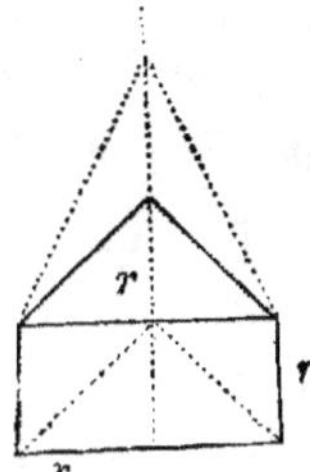

volume $\varpi\, r^3 + \frac{1}{3}\varpi\, r^3$, ou $\frac{4}{3}\varpi\, r^3$.

fig, 29.

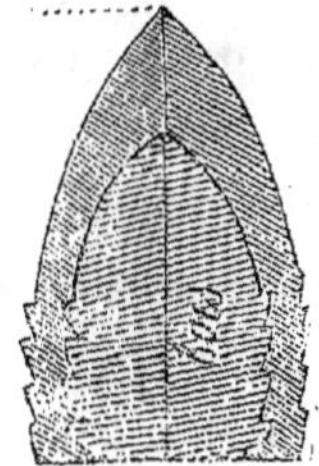

17ᵐᵐ

fig. 30.

La facilité avec laquelle on étire le plomb en tuyaux pourrait peut-être favoriser beaucoup la fabrication de ces balles, et permettre d'en améliorer les formes et le centrage sans en augmenter le poids.

On trouve dans le *Journal des Armes Spéciales* 1848, et dans mes réflexions et études sur les bouches à feu de siége, place et côte (Corréard 1849), la description de balles à noyau en bois dur, fondues par la pointe. Ces balles du poids de 27 grammes étaient parfaitement centrées et susceptibles de se forcer par l'explosion de la charge.

Dès les temps les plus anciens, on avait reconnu les avantages que présentaient les projectiles allongés sur les projectiles globulaires ; ainsi l'arc paraît-il à peu près aussi ancien que la fronde. Dans l'origine des bouches à feu, on employait souvent pour projectiles de grosses flèches de fer appelées carreaux. Ainsi Froissard dit qu'en 1340, « les François s'étant « approchés du Quesnoy, on les fit retraire ; car « ceux du Quesnoy décliquèrent canons et bombar- « des qui jetaient de grands carreaux... »

En 1382, au passage de la Lys, le connétable ordonna aux arbalétriers de tirer sur les Flamands qui étaient de l'autre côté. « A donc vinrent arbalétriers « et gens de pied avant ; et si en y avoient aucuns « qui jetoient de bombardes portatives et qui lan- « çoient grands carriaulx enpennés de fer, et les fai- « soient voler outre le pont, jusqu'à la ville de « Commines. »

On voit donc que les projectiles dont il s'agit ici, étaient de véritables flèches et qu'ils avaient des portées considérables. Plus tard, le peu de vitesse de ces projectiles les fit abandonner et remplacer par des carreaux ou flèches courtes tout en fer.

Ces projectiles, dont la construction était très-mal

entendue, frappant toujours le but en travers et n'ayant aucune justesse dans leur tir, furent bientôt abandonnés et remplacés par des projectiles sphériques.

Tous les essais tentés depuis pour lancer des projectiles oblongs avec des bouches à feu avaient toujours échoué ; on trouve dans Saint-Rémy la description des boulets allongés creux, que cet auteur affirme être d'un très-mauvais service. Plus tard, le célèbre Hutton essaya, sans plus de succès, de tirer des boulets allongés, dans ses expériences au pendule. Enfin on essaya à Metz, vers 1832, de tirer des obus allongés qui ne donnèrent que de mauvais résultats.

Depuis que je m'occupe d'artillerie, j'ai toujours considéré la flèche comme le type des projectiles destinés à être lancés par les armes à feu ; aussi trouve-t-on cette idée formulée dans la première édition de mon cours (1837)...

Pour qu'un projectile, lancé par une arme non rayée, conserve sa stabilité, il faut que son centre de gravité soit aussi près que possible de la pointe et qu'au contraire le centre de la résistance de l'air soit aussi près que possible du derrière du projectile. Les pennes que présentent les flèches, produisent évidemment cet effet et maintiennent toujours la pointe du côté du but.

Je suis arrivé à lancer avec le fusil non rayé des projectiles formés d'une pointe en plomb ou en fer et d'un corps en bois, figure 31. Ces projectiles étaient de véritables flèches et se mouvaient comme celles-ci, la pointe en avant.

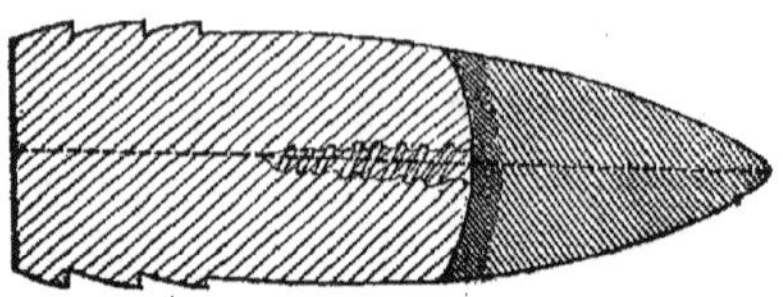

fig. 31.

Dans mon *Conrs de balistique*, imprimé en 1842, on trouve l'indication d'une balle de cette espèce, avec une pointe métallique à hélices très-larges, destinée à faire servir la résistance de l'air à imprimer le mouvement de rotation à la balle, fig. 2, planche 2.

Je crois avoir remarqué que les flèches éprouvent dans l'air un mouvement de balancement d'autant plus marqué qu'elles sont plus courtes, et que leurs pennes sont plus volumineuses.

Ce balancement qui peut, dans certains cas, amener le renversement du projectile, paraît avoir été observé dès les temps les plus anciens; aussi voit-on les meilleurs tireurs d'arc s'attacher à avoir des flèches très-longues et très-minces.

Une des plus grandes difficultés que présentent les projectiles allongés, c'est de déterminer le rapport qui doit exister entre la hauteur de la pointe conique et celle de la partie cylindrique, dont la hauteur doit être assez grande pour que le mobile ne se renverse pas dans le canon.

Vers 1832, ayant lancé quelques projectiles coniques cylindriques avec le fusil de rempart, modèle
1831, j'avais reconnu que les balles devaient présenter un cylindre d'autant plus court, que le cône était
plus allongé. Je suis même arrivé à lancer avec succès un simple cône, en plaçant en arrière un bou-
chon de liége. Plus tard, j'ajoutai au cône un sabot
en bois dur et j'obtins un but en blanc de 400 mètres
au lieu du but en blanc ordinaire de 180 à 200 mètres que donnait la balle sphérique.

Ce qui nuisit au succès de ces expériences fut
l'emploi de charges trop fortes, et le petit nombre de
coups tirés.

Quelques années plus tard, ayant eu occasion de
voir MM. Tamisier et Minié, un peu avant l'essai des
balles coniques cylindriques de M. Delvigne, je leur
fis part de ce que j'avais observé dans les essais que
j'avais entrepris à mes frais à Saint-Cyr; j'insistai
sur la nécessité de diminuer la hauteur de la partie
cylindrique de la balle, de n'employer que de faibles
charges et d'apporter le plus grand soin dans la fabrication des projectiles.

Plus tard, M. Tamisier donna dans ses cours une
démonstration théorique, à l'aide de laquelle il fit voir
que, pour les projectiles allongés, les cônes les plus
allongés répondent aux cylindres les plus courts,
et réciproquement; il fit voir l'utilité des cannelures
pour maintenir le projectile dans la direction du but.
Il est à regretter que ce savant officier n'ait pas atta-

qué ce problème d'une manière plus générale, et qu'il n'ait pas considéré le cas où le mobile n'est pas homogène.

Nous allons donner ici, au lieu de la démonstration graphique de M. Tamisier, le calcul algébrique élémentaire à l'aide duquel nous avons déterminé les dimensions de quelques-uns des projectiles que nous avons lancés avec le fusil de rempart.

Lorsqu'un mobile cylindrique conique se meut suivant son axe, la résistance qu'oppose un filet fluide

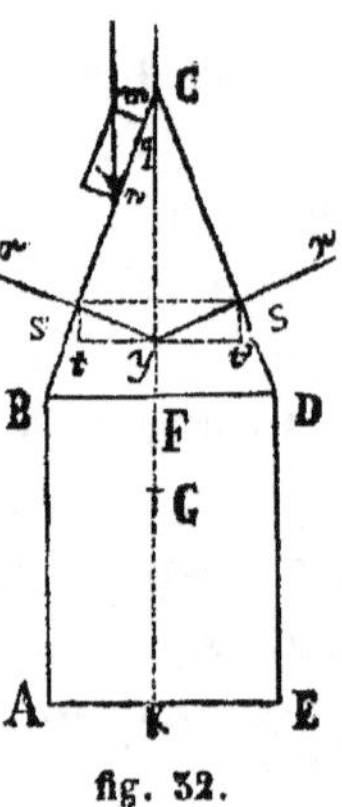

fig. 52.

mn, se décompose en deux forces : l'une mq perpendiculaire à la génératrice correspondante BC et l'autre qn, dirigée suivant cette même génératrice;

or, cette dernière force ne pouvant produire qu'un frottement sera négligeable dans l'air.

On peut considérer le cône comme formé d'un nombre infini de facettes triangulaires ayant leur sommet commun au point C. L'action de la résistance de l'air sur chacune de ces facettes se réduira à une résultante $rs$, appliquée au centre de gravité du triangle élémentaire (situé, comme on sait, au tiers de la longueur du côté CB). L'ensemble de toutes ces résultantes formera un cône dont le sommet sera en $y$. Les génératrices de ce cône seront perpendiculaires à celles du cône BCD ; sa base sera le cercle $ss'$ résultant d'une section faite au tiers de la hauteur, à partir de la base. Le point $y$ sera le centre de la résistance de l'air.

La résistance de l'air sur deux génératrices diamétralement opposées, produira deux forces égales $yt, yt'$, qui, étant directement opposées, se détruiront mutuellement, et deux composantes verticales qui s'ajouteront. Toutes les composantes latérales se détruisant deux à deux, il ne restera plus que les composantes parallèles à CF dont l'ensemble constituera la résistance que le projectile éprouvera.

Quant à l'action sur le cylindre, elle se réduira à un simple frottement, dont on fait abstraction dans la théorie de la résistance de l'air.

La résistance directe est égale à la projection de la surface convexe du cône sur un plan perpendiculaire à la direction du mouvement, multipliée par une fonction I du sinus de l'angle d'incidence (article premier).

De légères différences dans la valeur du sinus de l'angle d'incidence déterminent des changements très-notables dans la valeur de I; du moment où certaines parties du mobile sont choquées sous un plus grand angle que d'autres, elles éprouvent une résistance bien plus considérable.

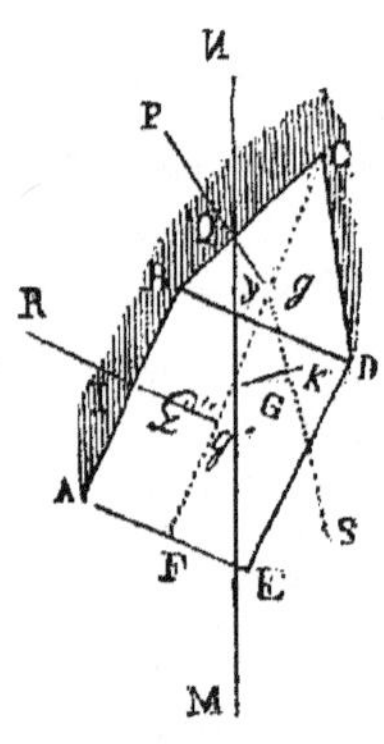

fig. 35.

Tant que l'axe du mobile est dirigé suivant la tangente à la trajectoire et que le projectile est bien ré-

gulièrement placé , les résistances du fluide s'équi-
librent autour de l'axe, et la direction n'est pas alté-
rée ; mais , si par une cause quelconque l'axe du
projectile éprouve un certain déplacement et devient
oblique par rapport au chemin que décrit le centre
de gravité , le mobile tend à se renverser avec une
énergie qui dépend beaucoup de sa forme : soit
ABCDE , un projectile composé d'un cône et d'un
cylindre ; soit G, son centre de gravité ; MN, le chemin parcouru par ce même centre ;  FC , l'axe du
mobile ;  $ys$, la résultante de l'action de la résistance de l'air, le centre $y$ de cette résistance étant
plus près de BC que de CD. La résultante, dont il
s'agit , tend évidemment à renverser le projectile
avec un bras de levier GK, déterminé par la perpendiculaire abaissée du point G sur $ys$.

Soit également RI , la résultante de la résistance
de l'air appliquée au point $G''$, centre de la résistance sur le cylindre, cette force agira sur l'axe FC
avec un bras de levier $Gg'$. Cette action tend évidemment à replacer le mobile dans sa direction primitive
MN et, si celui-ci venait à dépasser cette direction ,
il y serait replacé par une action analogue et contraire.

Quand le mobile marche directement , le centre
de la résistance se trouve sur l'axe ; mais, dans le cas
qui nous occupe, il n'en est point ainsi, soit pour le
cône , soit pour le cylindre , et cette excentricité est
évidemment une cause de renversement.

Il faudrait évidemment pour la stabilité que l'on eût ,fig. 34 :

$$PQ \times GK < RS \times Gg'.$$

L'action de la résistance de l'air , par l'effet de l'obliquité des surfaces et de sa décomposition perpendiculairement à ces mêmes surfaces , est une fonction d'une puissance du sinus de l'angle d'incidence ; fonction qui est telle que la résistance sur le cône l'emporte toujours sur celle qui a lieu sur le cylindre , parce que

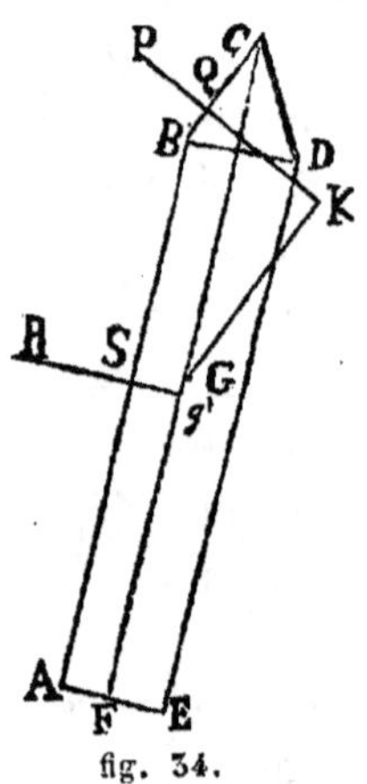


fig. 34.

l'angle d'incidence des filets fluides est plus grand pour le premier que pour le second.

On pourrait croire qu'en laissant le cône constant, et en augmentant la longueur du cylindre on aurait

$$PQ \times GK < RS \times Gg';$$

mais il est facile de voir qu'à mesure que le cylindre augmente, $Gg'$ diminue et $GK$ augmente ; et que, par conséquent, le mobile a d'autant moins de stabilité qu'il est plus allongé.

Si, au contraire, on diminue la hauteur du cylindre, on se rapproche de la condition de stabilité jusqu'à la limite, pour laquelle la résultante $PQ$ passe par le centre de gravité total $G$ ; alors la perpendiculaire $GK$ est nulle, et, quelque petite que soit la hauteur, on a

$$RS' \times Gg > 0.$$

Passé le cône pour lequel $PQ$ passe par le centre de gravité, il n'est plus possible de trouver une hauteur de cylindre qui satisfasse à la question.

La méthode suivante, quoique n'étant pas tout à fait rigoureuse, permet d'évaluer à peu près les hauteurs relatives du cylindre et du cône.

Soit $ABCDE$, une balle cylindrique conique ; supposons que la résultante de la résistance de l'air sur le cône soit PQ, et que le point Q soit au tiers de BC, si

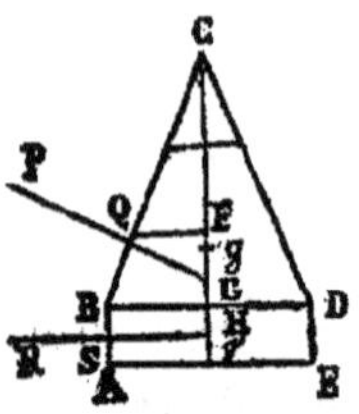

fig. 35.

par le point Q on mène QF, parallèle à BD, on aura

$$FH = \tfrac{1}{3}\,CH; \quad \text{et} \quad QF = \tfrac{2}{3}\,BH.$$

Supposons que G soit le centre de gravité du cylindre et du cône réunis, et que PQ passe par ce point; soit

$$CH = h; \quad BH = r; \quad AB = x.$$

Les triangles rectangles BHC et GQF sont semblables et donnent :

$$CH : BH :: QF : FG,$$

d'où l'on tire

$$FG = \frac{BH \times QF}{CH} = \frac{2}{3}\frac{r^2}{h},$$

on aura donc

$$GH = \frac{1}{3} h - \frac{2}{3} \frac{r^2}{h} = \frac{h^2 - 2r^2}{3h}.$$

Le centre de gravité $g$ du cône, étant à une distance égale à $\frac{1}{4} h$, on a :

$$Gg = \frac{1}{4} h - GH = \frac{1}{4} h - \frac{h^2 - 2r^2}{3h} = \frac{8r^2 - h^2}{12h}.$$

Par la propriété des centres de gravité :

$$\text{cone} \times gG = \text{cylindre} \times g'G.$$

Dans la réalité la résultante de la résistance de l'air sur le cône sera un peu au-dessous de la perpendiculaire PQ et se rapprochera davantage de

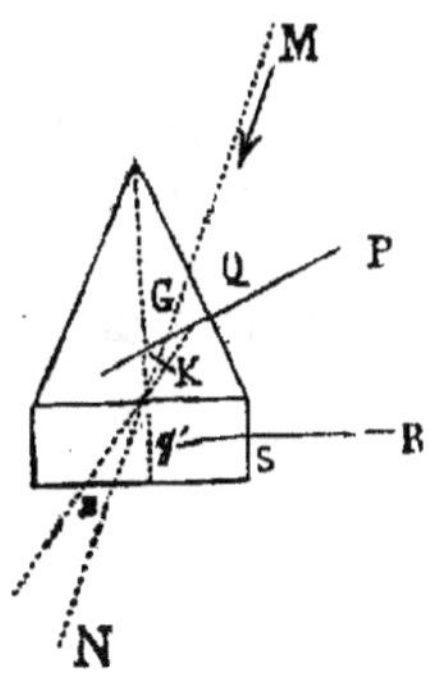


fig. 36.

l'axe ; soit KS cette résultante. Le bras de levier de

cette résultante sera GK, et son action se joindra à celle du cylindre pour ramener le mobile dans sa direction primitive MN.

On voit donc par là, que pour un dérangement infiniment petit, le mobile sera dans des conditions de stabilité convenables, puisque le bras de levier de l'action sur le cône sera nul, et qu'à mesure qu'il se déplacera de plus en plus, les conditions de stabilité deviendront de plus en plus prépondérantes.

Cela posé, on a, fig. 35 ,

$$Gg' = Hg' + HG ;$$

or,

$$Hg' = \tfrac{1}{3}\, x,$$

il viendra donc

$$Gg' = \tfrac{1}{2}\, x + \frac{h^2 - 2r^2}{3h} ;$$

mettant à la place du cône et du cylindre leurs volumes respectifs, on aura

$$\tfrac{1}{3}\,\pi r^2 h \times \frac{8r^2 - h^2}{12h} = \pi r^2 x \left( \tfrac{1}{2}\, x + \tfrac{1}{3}\, \frac{(h^2 - 2r^2)}{h} \right).$$

Réduisant, on obtient l'équation :

$$x^2 + \tfrac{2}{3}\, x \left( \frac{h^2 - 2r^2}{h} \right) = \frac{8r^2 - h^2}{18},$$

dont la racine est

$$x = \left( \sqrt{\frac{h^4 + 8r^4}{2}} + 2r^2 - h^2 \right) \frac{1}{3h}.$$

Pour que le cylindre fût nul, il faudrait qu'on eût :

$$\sqrt{\frac{h^4 + 8r^4}{2}} = h^2 - 2r^2 ;$$

élevant au carré et tirant la valeur de $h$, on a

$$h = 2r \sqrt{2} ;$$

c'est la valeur maximum de $h$; au delà de cette valeur, $x$ devient négatif, ce qui est ici le caractère de l'impossibilité.

Pour $h = 2r$, on a      $x = \frac{1}{3} r \left( \sqrt{3} - 1 \right) = 0,2440r.$

Pour $h = r$, on a      $x = \frac{1}{3} \left( \frac{3}{2} r \sqrt{2} + r \right) = 1,0404r.$

Pour $h = \frac{1}{2} r$, il vient  $x = \quad \ldots \ldots = 2,5052r.$

Pour $h = \frac{1}{3} r$, il vient  $x = \quad \ldots \ldots = 3,8889r.$

Pour $h = \frac{1}{10} r$, il vient $x = \quad \ldots \ldots = 13,3r.$

On voit par cette discussion que les cônes les plus

allongés répondent aux cylindres les plus courts, et que, réciproquement, les cônes les plus aplatis répondent aux cylindres les plus allongés.

On voit donc que l'aplatissement des balles dans le chargement des carabines avec le maillet contribuait à donner de la stabilité aux balles, surtout quand celles-ci étaient fort allongées. Dès 1832, j'avais établi le principe de la stabilité des balles lancées par les armes rayées.

Si le cylindre était formé d'une substance $n$ fois moins dense que le cône, on aurait :

$$x = \frac{1}{3h}\left(\sqrt{\frac{h^2\,(8r^2 - h^2)\,(n - 1) + h^4 + 8r^4}{2}} + 2r^2 - h^2\right);$$

pour $h = 2r \sqrt{2}$, ou $h^2 = 8r^2$,

on trouve $x = 0$ ;

la diminution de densité du cylindre ne change pas évidemment le maximum de hauteur pour lequel on a déjà trouvé que le cylindre devait être nul.

Pour $h = 2r$, et $n = 11$,

on trouve $x = 1.265r$

au lieu de $x = 0,4881r$ ;

pour $h = r \sqrt{2}$ et $n = 7$,

on a $x = 1.53r$.

Ici, comme pour le solide homogène, le cylindre augmente de longueur à mesure que le cône s'aplatit, mais dans une progression d'autant plus rapide que $n$ est plus grand.

Un projectile, formé d'un cône en plomb de $19^{mm}$ de hauteur et de $17^{mm},2$ de diamètre, monté sur un sabot en bois dur de $10^{mm}$ de hauteur, serait dans les conditions indiquées par la formule, et ne pèserait guère plus que les $\frac{2}{9}$ du poids de la balle sphérique. Pour les bouches à feu, le projectile pourrait être formé d'une pointe conique en fonte très-forte, à base évidée, terminée par une tige en fer servant d'axe à un cylindre formé de planchettes circulaires en bois d'orme tenant lieu de sabot. Le poids minimum de ce projectile serait du tiers du boulet sphérique correspondant.

La possibilité de lancer des projectiles allongés, plus légers que la sphère, est un fait qui nous paraît d'une haute importance, principalement pour les pièces de campagne. C'est un moyen d'arriver à l'unité de calibre, en diminuant le poids moyen des approvisionnements actuellement en usage, tout en augmentant considérablement la puissance d'effet de l'artillerie. Nous reviendrons plus tard sur cette belle idée due à M. le Président de la République, et qui a déjà reçu un commencement d'exécution pour les bouches à feu non rayées, ainsi qu'on peut le voir dans le compte rendu des expériences faites à Metz, n° 9 du *Journal des Armes spéciales*,

(1851), article de M. le capitaine Martin de Brettes.

Si, au contraire, la densité du cylindre était plus grande que celle du cône, les hauteurs du cylindre deviendraient de plus en plus petites pour les cônes aigus, les seuls qui soient admissibles pour la confection des projectiles.

Une des conditions les plus essentielles pour la stabilité, c'est que le centre de la résistance de l'air se trouve toujours en arrière du centre de gravité. Ainsi un cône dont la pointe serait très-dense, de telle sorte que le centre de gravité total fût en G, la résistance de l'air étant situé en R' dans la position actuelle, et en R quand le mobile se meut directement, on voit que la composante PR' tend à ramener l'axe AB dans la direction MN.

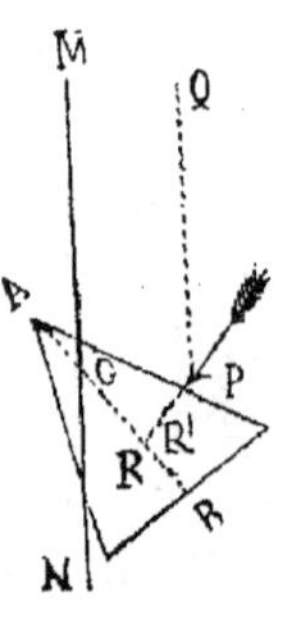

fig. 37.

Le cône dont il s'agit peut être fabriqué en bois et terminé par une pointe en fer ou en plomb, en forme de douille ou autrement. Mais un semblable

projectile ne saurait être  admis, il faut nécessairement y joindre un cylindre  destiné à en  empêcher
le renversement dans l'arme destinée à le lancer.

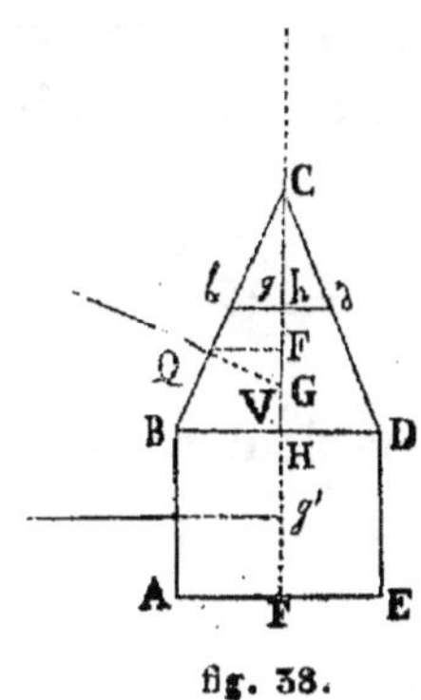

fig. 38.

Examinons ce qui a  lieu  dans un projectile conique cylindrique  présentant  une pointe  plus dense
que le reste du mobile.

Soit $h$  la hauteur $hC$ de  la pointe, $n$ sa densité,
celle des autres  parties étant prise pour unité.

Soit H la hauteur totale CH du cône,

$$\varepsilon = H - h,$$

celle du tronc de cône B$bd$D, $x$ la hauteur AB du
cylindre,

$$r = BH$$

le rayon de la base.

Le rayon de la base de la pointe sera

$$bh = \frac{r\,h}{H},$$

et la masse de cette pointe sera proportionnelle à son volume multiplié par sa densité ou à

$$\tfrac{1}{3}\,\frac{\varpi r^2 h^3 n}{H^2}.$$

La masse du tronc de cône sera proportionnelle à

$$\tfrac{1}{3}\,\varpi c \left( r^2 + \frac{r^2 h}{H} + \frac{r^2 h^2}{H^2} \right),$$

celle du cylindre sera proportionnelle à

$$\varpi r^2 x.$$

Si nous admettons, comme précédemment, fig. 35, que la résultante de la résistance de l'air PQ sur le cône total passe par le point Q situé au tiers de cB et passe aussi par le centre de gravité G du solide total, la distance de ce centre à la base du cône sera

$$GH = FH - FG; \text{ or } FH = \tfrac{1}{3}\,H, \quad FG = \frac{2r^2}{3H},$$

on aura donc

$$GH = \frac{H^2 - 2r^2}{3H}.$$

La distance du centre de gravité $g'$ du cylindre au point G sera

$$\tfrac{1}{2} x + \frac{H^2 - 2r^2}{3H},$$

et le moment de ce solide sera

$$\pi r^2 x \left( \tfrac{1}{2} x + \frac{H^2 - 2r^2}{3H} \right).$$

La distance du centre de gravité G de la pointe au point $g$ sera

$$\tfrac{4}{4} h + e - GH = \frac{8H^2 + 8r^2 - 9Hh}{12H}.$$

Le moment de la pointe sera donc

$$\frac{8H^2 + 8r^2 - 9Hh}{12H} \times \frac{\tfrac{1}{3} \pi r^2 h^3 n}{H^2},$$

La distance du centre de gravité du tronc de cône au point G sera, en appelant

$$r' = \frac{rh}{H},$$

le rayon de la base de la pointe :

$$GH - \frac{e}{4}\left[\frac{(r+r')^2 + 2r'^2}{(r+r')^2 - rr'}\right] = GH - A,$$

$$\frac{H^2 - 2r^2}{3H} - \frac{e}{4}\left[\frac{(H+h)^2 + 2h^2}{(H+h)^2 - Hh}\right] \left(\text{à cause de } r' = \frac{rh}{H}\right).$$

Pour le cas où l'on a

$$2r^2 > H^2,$$

ou

$$H < r\sqrt{2},$$

la distance dont il s'agit devient A — GH

ou négative, et il faut changer les signes dans l'expression générale de GH — A.

Le moment du tronc de cône sera donc :

$$\tfrac{1}{3}\varpi r^2 e\left[\frac{H^2 - 2r^2}{3H} - \frac{e}{4}\left(\frac{(H+h)^2 + 2h^2}{(H+h)^2 - Hh}\right)\left(1 + \frac{h}{H} + \frac{h^2}{H^2}\right)\right].$$

En vertu des propriétés des moments, on aura :

$$\varpi r^2 x \left( \tfrac{1}{2} x + \frac{H^2 - 2r^2}{3H} \right) = \frac{\varpi r^2 h^3 n}{3H^2} \left( \frac{8H - 9Hh + 8r^3}{12H} \right)$$

$$+ \frac{\varpi r^2 e}{3} \left( 1 + \frac{h}{H} + \frac{h^2}{H^2} \right) \left[ \frac{H^2 - 2r^2}{3H} - \frac{e}{4} \left( \frac{(H+h)^2 + 2h^2}{(H+h)^2 - Hh} \right) \right];$$

d'où l'on tire :

$$x^2 + 2 \left( \frac{H^2 - 2r^2}{3H} \right) x = \frac{1}{18} \frac{h^3 n}{H^3} \, (8H^2 - 9Hh + 8r^2)$$

$$+ \tfrac{2}{3} e \left( 1 + H + \frac{h^2}{H^2} \right) \left[ \frac{H^2 - 2r^2}{3H} - \frac{e}{4} \left( \frac{(H+h)^2 + 2h^2}{(H+h)^2 - Hh} \right) \right];$$

et finalement :

$$x = - \frac{H^2 - 2r^2}{3H} + \left[ \frac{1}{9} \left( \frac{H^2 - 2r^2}{H} \right)^2 + \frac{1}{18} \frac{h^3 n}{H^3} \right.$$

$$(8H^2 - 9Hh + 8r^2) + \tfrac{2}{3} e \left( 1 + \frac{h}{H} + \frac{h}{H^2} \right) \left( \frac{H^2 - 2r^2}{3H} \right)$$

$$\left. - \frac{e}{4} \left( \frac{(H+h)^2 + 2h^2}{(H+h)^2 - Hh} \right) \right]^{\frac{1}{2}}$$

soit :

$$H = 3r, \; h = \tfrac{1}{2} H, \; n = 12,$$

ce qui suppose la pointe en plomb et le corps du projectile en bois dur, on trouve

$$x = 1.27r.$$

Soit encore $\qquad H = r\sqrt{2} \,,$

ou $\qquad H^2 = 2r^2, \quad n = 12,$

il vient $\qquad x = 1.31r.$

Pour qu'un projectile qui éprouve un léger déplacement reste stable, il faut que le moment d'inertie de la pointe, par rapport au centre de gravité, soit plus petit que celui de la queue, par rapport à ce même point. Que le centre de la résistance de l'air soit aussi bas que possible ; que la partie de cette résistance qui tend à produire le renversement du projectile, soit, en tenant compte de son bras de levier, plus petite que la différence des moments dont nous venons de parler.

La résistance de l'air croissant à peu près comme la puissance $\frac{5}{2}$ de la vitesse, on voit qu'un projectile stable pour une vitesse peut cesser de l'être avec une autre. Ainsi les traits que lançaient les machines balistiques des anciens n'auraient pas conservé leur stabilité avec une vitesse plus grande, bien que fort inférieure encore à celle des projectiles de l'artillerie moderne.

Il résulte de la discussion précédente que la résistance de l'air produit généralement sur la surface antérieure d'un projectile conique cylindrique une action déviatrice, qui tend à en effectuer le renversement. La combinaison de cette action déviatrice avec le mouvement de rotation, imprime à l'axe du projectile un mouvement conique oscillatoire.

La surface conique dont il s'agit ici, a une base d'autant plus étroite que le mouvement de rotation est plus rapide, car l'action déviatrice de la résistance de l'air est d'autant plus faible qu'elle a moins de durée. Il y a lieu de croire que le cône deviendrait nul et que l'axe conserverait sa stabilité pour une vitesse de rotation infinie. On serait donc conduit à cette conséquence que, pour les projectiles dont le centre de gravité est tout près de la pointe, le mouvement de rotation doit être très-lent, tandis qu'il doit être très-rapide quand le centre de gravité du mobile est près de sa base.

Au contraire, pour une vitesse de rotation trop faible, le cercle décrit par la pointe du mobile s'accroît de plus en plus, car l'action déviatrice de la résistance de l'air augmente avec l'obliquité de l'axe de rotation ; et, passé certaines limites, le mobile se renverse.

On sait que quand un mobile homogène allongé est lancé par une arme à canon lisse, le renversement

a toujours lieu, même très-près de la bouche du canon, et, qu'il est d'autant plus rapide, que le centre de
gravité est plus rapproché de la base de la balle.

On peut assimiler l'action de la résistance de l'air
sur la pointe du mobile à celle d'une force accélératrice.

Cette force accélératrice peut être considérée
comme à peu près constante ; car, si d'un côté, l'action de la résistance de l'air augmente avec l'obliquité,
d'un autre côté cette résistance diminue rapidement
avec la vitesse de translation. Dans l'hypothèse où
l'action déviatrice serait constante, les espaces qu'elle
ferait parcourir à la pointe du mobile seraient proportionnels aux carrés du temps, ou, en d'autres ter-
mes, les diamètres des cercles décrits par l'extrémité
antérieure des mobiles seraient proportionnels aux
carrés du temps, et ces diamètres seront d'autant plus
grands que le centre de gravité sera plus loin de la
pointe.

On voit par là, que pour des projectiles lancés
de cette manière, l'action totale de la résistance de
l'air sera d'autant plus petite que le mouvement de
rotation sera plus rapide, puisque les surfaces latérales
exposées à l'action directe du milieu seront d'autant
moindres, et réciproquement.

D'où nous croyons être en droit de conclure :
1° que plus la pointe d'un mobile sera aiguë, plus le
mouvement de rotation devra être rapide ; 2° que
pour une vitesse donnée, les plus grandes dérivations

et les plus grandes portées répondent aux mouvements de rotation les plus rapides ; du moins, tant que le renversement n'a pas lieu.

Le mouvement conique que prend l'axe du projectile fait concevoir pourquoi les balles coniques cylindriques ont été abandonnées pour les balles ogivales. La surface de ces dernières, étant engendrée par des arcs de cercles sans solution de continuité, doit éprouver moins de résistance de la part du fluide, que celle du raccordement angulaire du cône avec le cylindre.

Dans les expériences faites en Suède, vers la fin de 1845, on a remarqué que les projectiles dont le mouvement de rotation était beaucoup plus lent que celui des autres avaient des portées bien plus faibles, quoique les charges de poudre et les angles de tir fussent les mêmes.

A la vérité, l'action de la poudre ne pouvait pas être exactement identique dans les deux cas, la vitesse initiale devait être un peu plus grande pour les rayures au pas de $3^m,77$, que pour celles au pas de $10^m,36$, le projectile opposant plus de résistance à l'action de la poudre dans le premier système que dans le second.

En assimilant l'action déviatrice de la résistance de l'air à celle d'une force accélératrice constante, les espaces parcourus par la pointe du mobile, ou les diamètres des bases des cônes que décrivent les axes de rotation sont proportionnels aux carrés des

temps. Ainsi pour des vitesses initiales égales, ces
diamètres seraient entre eux :

$$:: \left(\frac{V}{10.36}\right)^2 : \left(\frac{V}{3.77}\right)^2 :: \overline{3.77}^2 : \overline{10.36}^2 :: 10.44 : 107.33.$$

Dans cette hypothèse, l'excursion de la pointe du
mobile devient 10 fois plus grande environ dans le
cas de l'hélice au pas de 10<sup>m</sup>,36, que dans celui de
l'hélice du pas de 3<sup>m</sup>,77. En admettant une excursion finale de 8 millimètres dans le projectile qui a le
mouvement de rotation le plus rapide, l'excursion
finale, dans celui qui a le mouvement le plus lent,
serait de 80 millimètres.

Il est à présumer que l'action de la résistance de
l'air sur les ailettes du mobile limitait l'amplitude de
ses oscillations; mais il est facile de voir que celui-ci
présentait dans tout le trajet une partie très-notable
de sa surface latérale, à l'action de la résistance
directe du milieu et sous un angle assez ouvert.

On a trouvé dans les expériences mentionnées ci-
dessus, que trois projectiles du poids de 30 kil., lancés
avec la charge de 4 kil. sous l'angle de 13° avec les
rayures au pas de 10<sup>m</sup>,36, avaient une portée
moyenne de 2662 mètres; et que trois autres projectiles du poids de 31<sup>kil.</sup>,4, lancés avec la même charge
et sous le même angle que les premiers, mais
avec les rayures au pas de 3<sup>m</sup>,77, avaient une

portée moyenne de 3,198 mètres. La différence de 536 mètres dans les portées me paraît être la conséquence de la lenteur du mouvement de rotation des trois premiers boulets ogivaux.

Les oscillations coniques que fait la pointe du mobile augmentant l'intensité de la résistance de l'air, doivent exercer une influence assez grande sur la grandeur des dérivations; mais celles-ci étant attribuées principalement à la non-coïncidence de l'axe de rotation du projectile avec la tangente à la trajectoire, nous allons essayer d'expliquer les circonstances du mouvement de cet axe.

Soit ABC un projectile ogival dont le centre de gravité est en G et parcourt la trajectoire MGN; soit BF l'axe de rotation de ce projectile faisant un angle BGM avec la trajectoire; soit R le centre de la résistance de l'air.

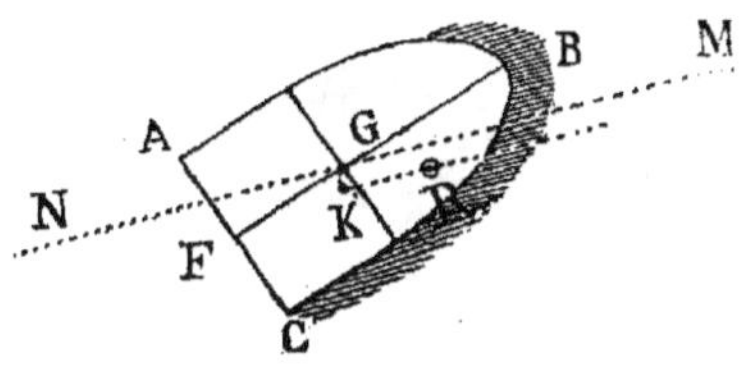


fig. 39.

Par le point R menons RK parallèle à MG, dans une faible étendue, la trajectoire peut être considérée comme étant en ligne droite; si donc on abaisse du point G la perpendiculaire GK sur RK, cette droite sera le bras de levier avec lequel la résistance de l'air tend à replacer la pointe du mobile suivant la tangente à la trajectoire.

A l'origine du mouvement, l'axe de rotation coïncide avec la tangente à la trajectoire et tend à conserver sa direction primitive, ce qui fait qu'il s'écarte d'une manière sensible de la tangente à la trajectoire, fig. 39 ; mais l'action de la résistance de l'air corrige l'effet naturel de cette divergence et finit par imprimer à la pointe du mobile un mouvement d'abaissement, mouvement qui est sans doute favorisé par la tendance naturelle que doit avoir tout mobile à tourner autour de l'axe de son plus grand moment d'inertie.

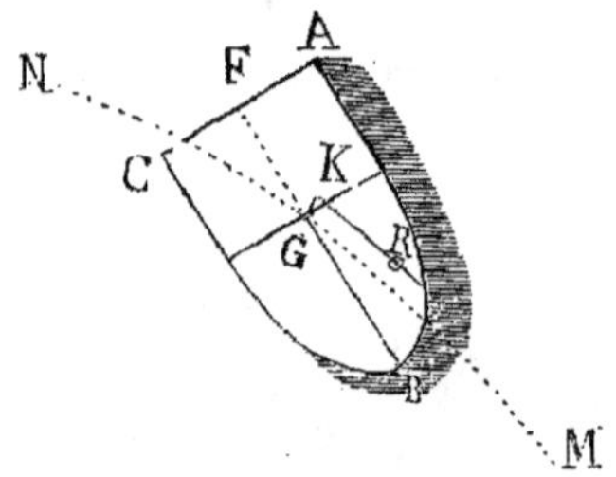

fig. 40.

Dans la branche descendante, si l'axe de rotation BF s'abaisse au-dessous de la tangente à la trajectoire, le bras de levier GK de la résultante de la résistance de l'air tend à relever l'axe BF et à le placer sur la courbe MN.

Mais il est à remarquer que l'effet de la résistance de l'air s'exerce avec une énergie bien plus grande dans la branche ascendante que dans la branche descendante où la vitesse est médiocre.

La vitesse d'abaissement, imprimée à la pointe dans la branche ascendante, nous paraît devoir continuer à agir dans la branche ascendante, bien qu'elle soit un peu diminuée par l'effet de la résistance du milieu, en sorte que nous pensons que la pointe du mobile se trouve au-dessous de la tangente à la trajectoire dans la branche descendante.

L'action de la résistance de l'air sur la surface latérale du projectile agit à la manière d'une force accélératrice pour replacer le mobile sur la trajectoire, mais généralement cette action est insuffisante; il faut, ainsi que nous l'avons dit précédemment, que la partie cylindrique présente des cannelures calculées convenablement pour que l'action directrice produise tout son effet, et modifie convenablement la grandeur du cercle décrit par la pointe.

En définitive, l'action déviatrice de la résistance de l'air tend donc à élargir de plus en plus la base du cône que décrit l'axe du mobile, en sorte que ce cône s'ouvre de plus en plus, jusqu'à ce qu'enfin le mobile se meuve perpendiculairement à la trajectoire et finalement autour de l'axe de son plus grand moment d'inertie. Quelquefois le mouvement de rotation autour de l'axe du mobile persiste après le renversement de celui-ci. On voit souvent des balles, qui, ayant frappé le but en travers, sont rayées sur leur surface latérale par les corps durs contre lesquels elles ont frotté.

L'action déviatrice de la résistance de l'air sur les cannelures agit d'une manière entièrement opposée à l'autre extrémité de l'axe du projectile ; elle limite l'ouverture indéfinie du cône en question, et si elle est calculée convenablement, elle empêche le renversement du projectile.

La perfection du mouvement exige qu'il y ait une relation entre la vitesse de rotation et celle de translation: Ainsi, une balle qui serait tellement constituée, qu'elle oscillât également au-dessus et au-dessous de la trajectoire, dans une révolution, serait dans de bonnes conditions pour la régularité du mouvement; alors les dérivations cesseraient d'avoir lieu, et la pointe et le centre de gravité du mobile décriraient des spirales.

Mais il n'est pas nécessaire pour l'annulation de la dérivation que l'accord parfait dont nous venons de parler ait lieu, il suffit que le mobile ait un mouvement oscillatoire tel qu'il s'abaisse et s'élève également par rapport à la trajectoire ; dans ce cas, la spirale décrite par la pointe du mobile passe par diverses alternatives de grandeur, et la compensation s'opère, non pour une révolution, mais pour une série de révolutions, ou plutôt pour une oscillation.

Au départ du projectile, sa pointe est un peu au-dessus de la trajectoire ; la résistance de l'air, qui est à son maximum d'énergie, imprime, par son action sur les cannelures du bas de la balle, fig. 39, un mouvement d'abaissement à la pointe. Mais alors, les cannelures du haut étant en évidence, agissent à leur tour et augmentent ainsi l'amplitude du mouvement oscillatoire que possède déjà l'axe du mobile.

Ceci confirme ce que nous avons dit tout à l'heure, c'est-à-dire que la précision du tir ne s'obtient qu'au détriment des portées ; aussi pensons-nous que l'idée de corriger les dérivations par une hausse courbe est fort bonne, du moins pour toutes les armes qui tirent avec des charges constantes, assez grandes pour n'éprouver que de faibles variations dans leurs effets.

Ce qu'il y a de fort remarquable dans les expériences de Suède, c'est l'égalité des portées ; nous pensons que l'annulation des dérivations ferait disparaître cet avantage si précieux, tandis que les dérivations étant à peu près constantes pour des projectiles bien centrés, semblables, et animés de la même vitesse, il serait aisé de les corriger par une hausse facile à imaginer.

La force qui détermine et entretient les oscillations que produisent les cannelures, peut être assimilée à une force accélératrice constante, c'est ce que semble démontrer l'expérience. En effet, on conçoit que si la résistance de l'air va toujours en diminuant d'intensité, les impulsions qu'elle communique à chaque instant peuvent suffire à entretenir l'isochronisme des oscillations, si la surface des cannelures est cal-

culée d'une manière convenable ; car le mouvement
oscillatoire étant une fois déterminé, ce mouvement
tend naturellement à se conserver et se conserverait
effectivement dans le vide, et abstraction faite de la
pesanteur, et il ne faut qu'une impulsion bien faible
pour balancer ou détruire complétement les causes
de ralentissement. D'ailleurs, à mesure que le mobile
avance dans sa trajectoire, les causes d'altération du
mouvement oscillatoire s'atténuent de plus en plus,
et le mouvement conserve toute sa régularité à la
limite extrême des portées.

Par l'effet du mouvement oscillatoire du mobile,
les cannelures sont soumises alternativement à l'action
directe de la résistance de l'air, ce qui doit être une
cause de ralentissement. Il importe donc que les cannelures n'aient que la largeur nécessaire pour rem-
plir leur objet.

De plus, il serait évidemment nuisible que les
oscillations eussent trop d'amplitude, car les surfaces
latérales que le mobile présenterait à l'action de la
résistance de l'air seraient d'autant plus grandes et
la portée serait diminuée. Il pourrait même arriver,
si le projectile était très-léger, que l'action de la résistance de l'air sur les cannelures fût tellement
énergique que le mouvement d'oscillation, devenant
de plus en plus violent, se terminât par le renversement complet du projectile.

En supposant une balle allongée de 17$^{mm}$,2 de
diamètre, pesant 47$^{gr}$,5, ayant 26 millimètres de hau-

teur après le forcement, et présentant trois cannelures de $0^{mm},7$ de saillie. En supposant, dis-je, que cette balle soit animée d'une vitesse initiale de translation de 312 mètres par seconde et d'une vitesse de rotation de 156 tours *p.s.*

On trouve que la résistance de l'air sur le grand cercle de la base de la balle équivaut à un poids de 46,02 fois celui du projectile.

La surface des trois cannelures équivaut à 0,5023 de la surface d'un grand cercle; si ces trois cannelures étaient exposées à l'action directe du fluide, la pression totale qu'elles éprouveraient équivaudrait à 23,01 fois le poids de la balle.

Il est évident, d'après ce qui a été expliqué précédemment, que la portion de la surface des cannelures qui est exposée à l'action directe de la résistance de l'air, est beaucoup moindre que la moitié de leur surface et qu'elle est d'autant plus petite que l'axe du mobile s'écarte moins de la direction de la tangente à la trajectoire.

Non-seulement, le nombre, la largeur, l'écartement des cannelures, leur position par rapport au centre de gravité sont essentielles à considérer, mais il faut encore qu'il y ait une certaine relation entre la construction du projectile et les vitesses de rotation et de translation. Un projectile bien construit pour une vitesse de rotation, cesse d'être dans de bonnes conditions si l'on vient à changer cette vitesse.

Ainsi, par exemple, la balle allongée actuelle con-

vient parfaitement pour une vitesse initiale de 312
mètres et une hélice au pas de 2 mètres. Si l'on vient
à imprimer à cette balle une vitesse de rotation dou-
ble en réduisant le pas de l'hélice à 1 mètre, la
balle dérive à droite d'une manière très-notable; on
conçoit, en effet, que les cannelures restant exposées pendant un temps deux fois plus court à l'action
de la résistance de l'air, l'action directrice de cette
force deviendra bien moins considérable et ne sera
plus en état de balancer l'action déviatrice de la résistance de l'air.

On a assimilé avec quelque raison les cannelures
des projectiles allongés aux pennes des flèches des
anciens; mais leur action, considérée sous ce point
de vue, n'est vraiment complète que quand le projectile a son centre de gravité très-près de la pointe,
autrement elles ne font que contribuer à la stabilité
du mobile sans pouvoir la produire directement.
Dans la détermination des dimensions des cannelures, nous supposons d'abord le mobile d'une densité homogène et sans mouvement de rotation, ou
bien doué d'un mouvement très-lent.

Paris. — Typ. de H. V. de Surcy et Cᵉ, rue de Sèvres, 37.